박시백의 조선왕조실록

17

순조실록

일러두기
2024 어진 에디션은 정사 《조선왕조실록》을 바탕으로 한 이 책의 특징을 드러내고자
어진과 공신화에서 모티브를 얻어 박시백 화백이 새롭게 표지화를 그렸다. (표지화 인물: 김조순)

박시백의
조선왕조실록

The Veritable Records of
the Joseon Dynasty   **17**   The Veritable Records of King
Sunjo

순조실록

Humanist

머리말

　　외환위기가 한창이던 때였다. 어쩌다가 사극을 재미있게 보게 되었는데 역사와 관련한 지식이 너무도 부족한 자신을 발견하게 되었다. 그도 그럴 것이 젊은 날에 본 역사서는 근현대사가 대부분이었고, 조선사에 대한 지식이라고는 중·고교 시절에 학교에서 배운 단편적인 것들이 거의 전부였다. 당시 나는 신문사에서 시사만화를 그리고 있었다. 다행히 신문사에는 조그만 도서실이 있었는데, 틈틈이 그곳에서 난생처음 조선사에 대한 여러 책을 접할 수 있었다.

　　조선사, 특히 정치사는 흥미진진했다. 거기에는 우리에게 익숙한 수많은 역사적 인물의 신념과 투쟁, 실패와 성공의 이야기가 있었고,《삼국지》나《초한지》등에서 만나는 극적인 드라마와 무릎을 치게 하는 탁월한 처세가 있었다. 만화로 그리면 재미있겠다는 생각이 들었다. 몇 권 더 구해 읽다 보니 한 가지 궁금증이 생겼다. 어디까지가 정사에 기록된 것이고 어느 부분이 야사에 소개된 이야기인지가 모호했다. 이 대목에서 결심이 섰던 것 같다. 조선 정치사를 만화로 그리자, 그것도 철저히《실록》에 기록된 정사를 바탕으로 그리자.

　　곧이어 다니던 신문사를 그만두고《국역 조선왕조실록 CD-ROM》을 구입했다. 돌이켜보면 참 무모한 결심이었다. 특정한 출판사와 계약한 것도 아니고,《실록》의 한 쪽도 직접 본 적 없는 상태에서 작업에 전념한다는 미명 아래 회사부터 그만두었으니. 내 구상만 듣고 아무 대책 없는 결정에 동의해준 아내에게도 뭔가가 씌웠던 모양이다. 궁궐을 찾아 사진을 찍고 화보자료를 찾아 헌책방을 기웃거렸다. 1권에 해당하는 부분을 공부한 뒤 콘티를 짜기 시작했다. 동네를 산책하면서도 머릿속에서는 항상 그 시대의 인물들이 이야기를 주고받고 다투곤 했다. 어쩌다 어떤 인물의 행동이 새롭게 이해되기라도 하면 뛸 듯이 기뻤다.

　마침내 펜션을 입히면서 수십 장이 쌓인 뒤 처음부터 읽어보면 이게 아닌데 싶어 폐기하기를 서너 번, 그러다 보니 어느새 1년이 후딱 지나가버렸다. 아무런 결과물도 없이 1년이 흘렀다고 생각하니 슬슬 걱정이 차오르기 시작했다. 이러다간 안 되겠다 싶어 100여 장의 견본을 만들어 무작정 출판사를 찾아가기로 했다. 그렇게 견본을 만든 후 몇 군데에서의 퇴짜는 각오하고 출판사를 찾아가려던 차에 동료 시사만화가의 소개로 휴머니스트를 만나게 되었고, 덕분에 다른 출판사들을 찾아가지는 않아도 되었다.

　이 만화를 그리며 염두에 둔 나름의 원칙이 있다면 이랬다.
　첫째, 정치사를 위주로 하면서 주요 사건과 해당 사건에 관련된 핵심 인물들의 생각과 처신을 중심으로 그린다.
　둘째, 《실록》의 기록을 바탕으로 하면서 학계의 최근 연구 성과를 적극 고려하고 필자 스스로도 적극적으로 해석에 개입한다.
　셋째, 성인 독자들을 주된 대상으로 삼되, 청소년들과 역사에 관심이 남다른 어린이들이 보아도 무방하게 그린다.

　흔쾌히 출판을 결정해준 휴머니스트 김학원 대표와 책이 나오는 데 애써준 휴머니스트 식구들에게 감사드린다. 그리고 언제나 곁에서 응원해주고 적절히 비판해주는 아내와 사랑하는 두 딸! 고맙다.

2003년 6월

세계기록유산은 모두의 것이며,
모두를 위해 온전히 보존되고 보호되어야 하며,
문화적 관습과 실용성을 충분히 인식하여
모든 사람이 장애 없이 영구적으로 접근할 수 있어야 합니다.

The world's documentary heritage belongs to all,
should be fully preserved and protected for all and,
with due recognition of cultural mores and practicalities,
should be permanently accessible to all without hindrance.

—〈유네스코 '세계의 기억' 프로그램의 목표〉중에서

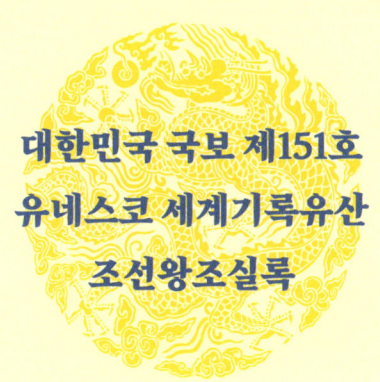

**대한민국 국보 제151호
유네스코 세계기록유산
조선왕조실록**

진실성과 신빙성을 갖추고
25대 군주, 472년간의 역사를 6,400만 자에 담은
세계에서 가장 장구하고 방대한 세계기록유산.
세계인이 기억해야 할 위대한 유산
《조선왕조실록》의 세계로 초대합니다.

차례

머리말 4
등장인물 소개 10

제1장 **예순대비의 수렴청정**

여군(女君) 14
장문의 언문 하교 20
벽파의 복수 30
신유박해 36
예순대비의 정치 48

제2장 **시파의 집권과 벽파의 몰락**

수렴을 거두다 62
시파의 반격 67
몰락하는 벽파 77
8자흉언의 진실 86

제3장 **홍경래의 난**

달라지는 백성 98
파죽지세의 반란군 105
피의 정주성 114
이런저런 이야기들 123

제4장 임금 순조

성실한 청년 임금　134
무기력한 중후반기　144
효명세자　150
웃음 잃은 날들　159

제5장 세도정치의 개막

막후 김조순　168
세도정치의 길　175
이여절의 나라　185
이양선의 출현　194

작가 후기　202
《순조실록》 연표　204
조선과 세계　211
　　The Veritable Records of the Joseon Dynasty　212
　　Summary: The Veritable Records of King Sunjo　213
세계기록유산,《조선왕조실록》　214
도움을 받은 책들　215

등장인물 소개

순조
조선 제23대 임금.

예순대비(정순왕후)
영조의 계비로 순조 초 수렴청정을 했다.

심환지
예순대비를 도와 순조 초 벽파 정권을 이끌었다.

효명세자

혜경궁 홍씨

장시경

황사영

이병모

김관주
김귀주의 6촌으로 벽파 정권의 핵심.

이인
정조의 서제로 사사당한다.

홍낙임
홍봉한의 아들로 벽파에 의해 죽임을 당한다.

정약용

주문모
중국인 신부.

김조순
순조대의 최강 실력자로
세도정치의 시작을 가져왔다.

이시수
예순대비가 다시
수렴청정을 하려 하자 막았다.

권유
대혼을 저지하려 했다는
혐의로 죽다.

김달순
친정을 시작한 순조에게
벽파의 의리를 주장하다
사사된다.

김성길과 김일주
김일주는 증손자 김성길을 시켜
8자흉언에 대해 변론한다.

홍경래

조득영
소를 올려 김달순을
탄핵했다.

홍총각과 이제초
홍경래군의 선봉장들.

김재찬

이여절

정순왕후 생가
스스로를 여군이라 불렀던 예순대비(정순왕후)가 태어난 곳. 충청남도 서산시 음암면에 위치해 있으며, 충청남도기념물 제68호로 지정돼 있다.

제1장

예순대비의
수렴청정

여군(女君)

새로 즉위한 순조의 나이는 11세.

자연히 대왕대비인 예순대비(정순왕후)가 수렴청정을 맡게 되었다.

수렴청정 열흘 뒤 그녀는 다음과 같은 하교를 내렸다.

지난번 수렴청정을 승낙하는 비답에서 '나는 발을 드리우고 있고 충자(沖子)는 시좌한다'고 했던 말은 다시 생각해 보니 위계를 바로 한 말이 아니었다.

이 한 구절을 뽑아버리고 '주상을 정위로 하고 나는 수렴을 드리우고 앉는다'로 내용을 고쳐 반포하라.

＊충자(沖子): 어린아이.
＊시좌(侍坐): 임금이 정전에 나갔을 때 왕세자가 그 옆에서 받듦.
＊정위(正位): 올바른 자리. 또는 정당한 자리.

열다섯 살에 영조의 계비로 들어오며

그녀의 친정은 일약 유력 가문으로 떠올랐지만,

홍봉한과의 힘겨루기에서 패해 영조 말년에 홍인한, 정후겸의 득세를 지켜봐야만 했다.

정조의 집권과 함께 홍인한이 역적으로 처단되자 재기를 꾀했으나

홍봉한이야말로 홍인한의 배후요 역적의 수장!

척신 정치를 혐오하는 정조에 의해 오라비 김귀주는 유배되었고, 그녀의 친정 가문은 완전히 주저앉았다.

끼룩 끼룩

그 과정을 돌아보면 정말 기가 막히고 코가 막혔겠지만,

그녀는 울분을 드러내지 않았다.

정조 즉위 후 김귀주는 배제되었지만, 척신과의 싸움에 앞장서온 청명당은 우대되었다.

정조의 정치에 동조했다면 정조 시대의 주류로 확고히 자리 잡았을 것이다.

그러나 그들은 정조의 탕평과 사도세자 추숭에 반대하면서 스스로 비주류화했다.

우리는 의리를 앞세우는 사나이들!

벽파라고? 좋아. 그 이름 맘에 들었어.

그랬음에도 정조는 준론 탕평의 이름 아래 끝까지 그들을 파트너로 대우했다.

특히 말년에는 심환지를 발탁하면서 오히려 벽파에 기운 듯한 모습까지 보였다.

알고 보면 나도 벽파인 거 알지?

To 좌상 별일 없었소? …… 우리 벽패(僻牌)는 …… from 王

심환지는 벽파 중에서도 강경파로 통했다.

윤시동은 홍봉한과도 조정을 시도한 온건파였고,

에이~ 좋은 게 좋은 거지.

김종수와 심환지가 강경파를 대표했다.

그중 김종수도 말년에 이르러서는 정조의 입장을 이해하는 쪽으로 상당히 돌아섰다지만,

의리를 저버릴 순 없지만 전하의 입장도 이해는 돼.

심환지는 끝내 반대 입장을 고수했다. 비타협적인 강경 벽파 심환지와 오래도록 울분을 삭여온 철의 여인 예순대비.

양자의 결합에 조정은, 특히 벽파가 아닌 쪽은 더욱 긴장 모드로 들어갔다.

오늘도 무사히…

제1장 예순대비의 수렴청정

장문의 언문 하교

이보다 앞서 대왕대비는 이렇게 국정 방향을 밝혔다.

대행대왕의 성대한 덕과 큰 업적은 하나도 의리이고 둘도 의리이다. 조금이라도 이를 어긴다면 대행대왕의 역신일 뿐 아니라 영묘조의 역신이고 주상의 역신이다.

지금 조정엔 의논이 여러 갈래를 이루고 있는데 대행대왕께서는 늘 이 점을 깊이 우려했다. 이런 때를 당해 여군이 조정에 임어했다 하여 감히 남을 해치려는 마음으로 괴이한 소장을 올려 시험해보려 한다면 용서치 않을 것이다.

명분을 중시하는 대왕대비답게 선왕의 뜻을 받들 것을 내세우면서도

조정을 얼어붙게 하는 경고를 담은 하교였다.

한여름인데 워매 추운거.

이럴 땐 그저 납작 엎드려 있어야지.

이때까지만 해도 심환지를 비롯한 벽파 역시 그녀의 의중을 제대로 파악하지 못한 게 아닐까 싶다.

선왕의 뜻을 이어 받는다 하심은?

설마 탕평 지속은 아니겠죠?

…

여러 달이 조용히 흘러갔다.

승지가 읽은 그녀의 언문 하교는 원고지 50매 가까이에 이를 만큼 장문의 글이었다.

아! 세월이 물처럼 흘러 대행왕의 인산이 벌써 지나가고 우제와 졸곡도 이미 끝났으니 만사가 그만이다.

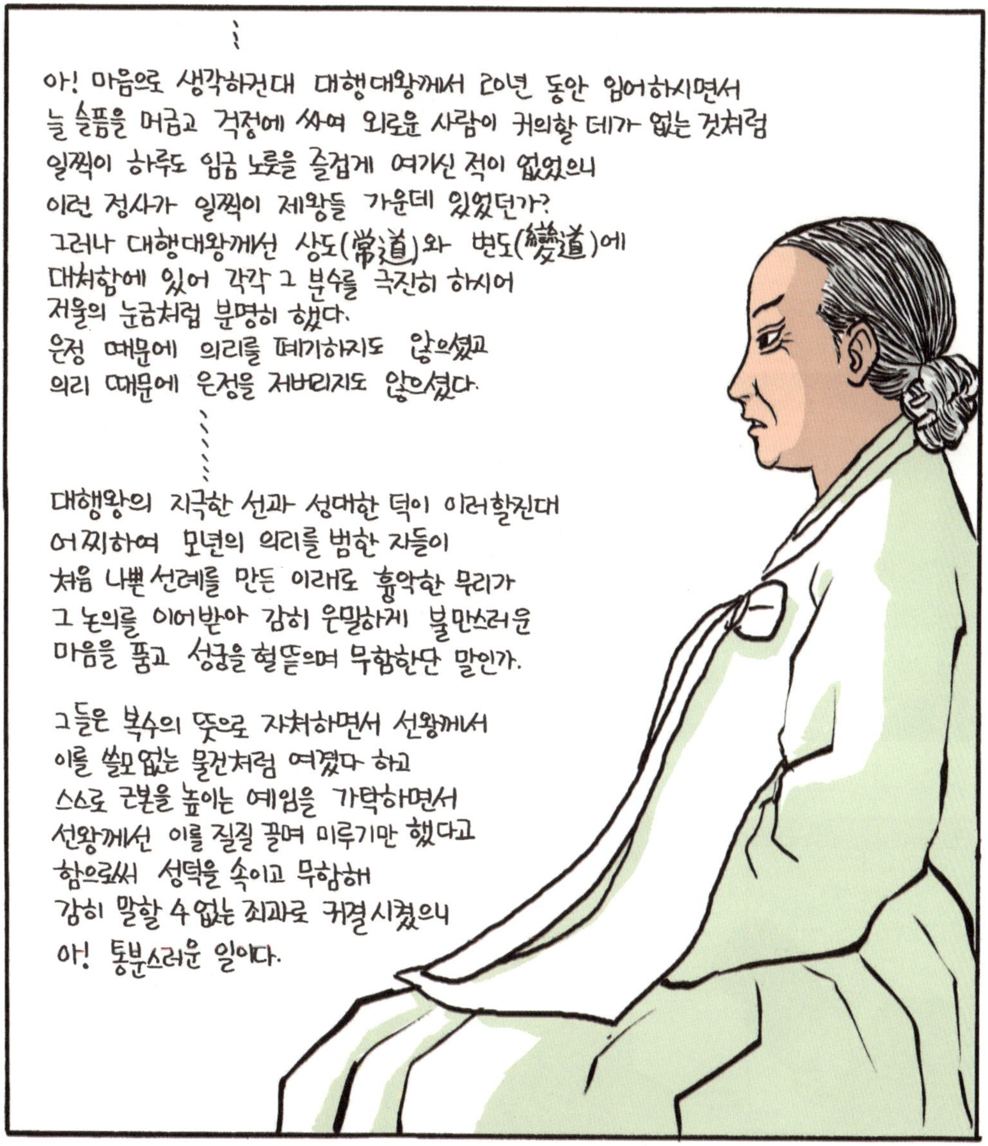

아! 마음으로 생각하건대 대행대왕께서 20년 동안 임어하시면서 늘 슬픔을 머금고 걱정에 싸여 외로운 사람이 귀의할 데가 없는 것처럼 일찍이 하루도 임금 노릇을 즐겁게 여기신 적이 없었으니 이런 정사가 일찍이 제왕들 가운데 있었던가? 그러나 대행대왕께서 상도(常道)와 변도(變道)에 대처함에 있어 각각 그 분수를 극진히 하시어 저울의 눈금처럼 분명히 했다. 은정 때문에 의리를 떠기지도 않으셨고 의리 때문에 은정을 저버리지도 않으셨다.

……

대행왕의 지극한 선과 성대한 덕이 이러할진대 어찌하여 모년의 의리를 범한 자들이 처음 나쁜 선례를 만든 이래도 흉악한 무리가 그 논의를 이어받아 감히 은밀하게 불만스러운 마음을 품고 성궁을 헐뜯으며 무함한단 말인가.

그들은 복수의 뜻으로 자처하면서 선왕께서 이를 쓸모 없는 물건처럼 여겼다 하고 스스로 근본을 높이는 예임을 가탁하면서 선왕께선 이를 질질 끌며 미루기만 했다고 함으로써 성덕을 속이고 무함해 감히 말할 수 없는 죄과로 귀결시켰으니 아! 통분스러운 일이다.

*인산(因山): 상왕이나 왕, 왕세자, 왕세손과 그 비들의 장례.
*우제(虞祭): 부모의 장례를 마친 후 지내는 제사. 초우(初虞), 재우(再虞), 삼우(三虞)가 있다.
*졸곡(卒哭): 삼우제를 지낸 후 이제 곡을 끝냄을 알리는 제사. 죽은 지 석 달 만에 오는 첫 정일(丁日)이나 해일(亥日)에 지낸다.

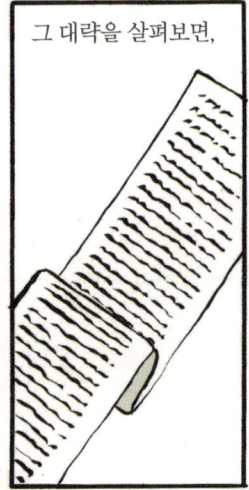
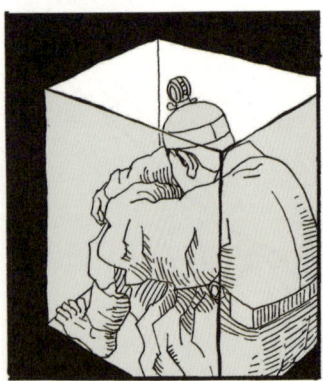

세자를 위해서가 아니라 모년의 의리를 간범한 죄를 벗고 사류에게 죄를 떠넘기기 위해서였다.

다섯, 수십 년 이래의 충역 시비는 근원을 따져보면 다 모년의 대의리에 근본하며,

오회연교는 바로 이러한 충역과 의리를 환히 밝힌 것이라는 것 등이다.

그리고 오회연교가 있었는데도 자명, 자수하는 이가 없다는 이후의 하교(제16권 213쪽 참조)를 거론하며

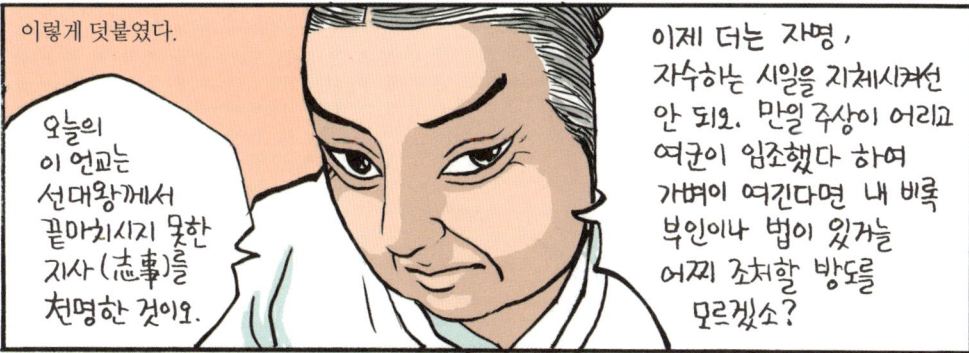

이렇게 덧붙였다.

* 지사(志事): 하려던 일. 뜻을 둔 일.
* 임조(臨朝): 임금이 조정에 자리함.

정국의 격랑을 예감케 하는 하교였다.

대비의 하교에 대신들은 즉각 절대지지를 표했다.

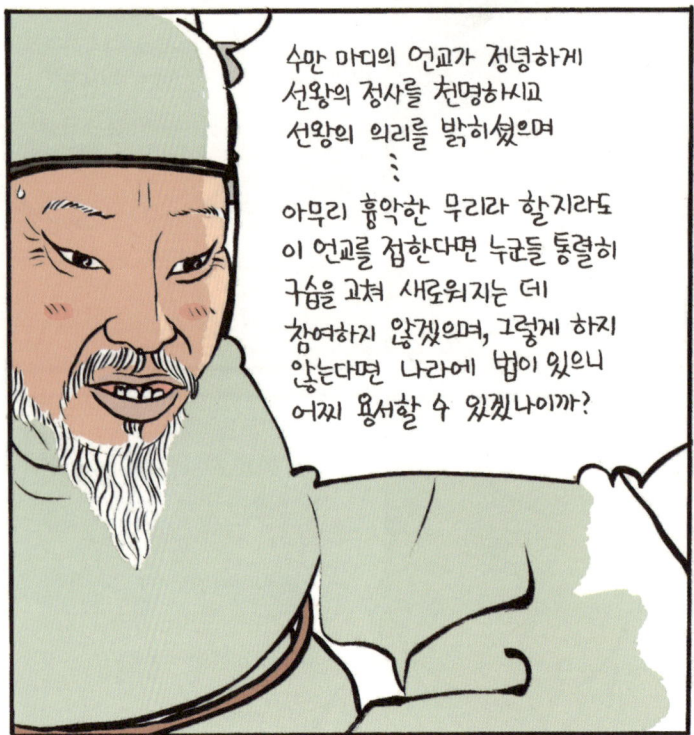

수만 마디의 언교가 정녕하게 선왕의 정사를 천명하시고 선왕의 의리를 밝히셨으며

아무리 흉악한 무리라 할지라도 이 언교를 접한다면 누군들 통렬히 구습을 고쳐 새로워지는 데 참여하지 않겠으며, 그렇게 하지 않는다면 나라에 법이 있으니 어찌 용서할 수 있겠나이까?

신들의 생각도 그러하옵니다.

벽파의 복수

대비는 며칠 뒤 김이익을 절도에 안치하라 명한다.

김이재의 상소를 권유하고 사주한 이가 김이익이란 것은 선왕께서 이미 아셨더랬다.

김이재의 상소란 오회연교의 직접적인 계기가 된 당시 이조 판서 이만수를 탄핵했던 소를 말한다.

을묘년(정조19) 이후 나는 세속을 깊이 염려한 끝에 습속을 바로잡자는 교속(矯俗) 두 글자를 끄집어냈는데……

이번 김이재의 소는 이를 버젓이 배치하려 한 것이다. 내 뜻의를 그가 모를 리 없을진대 알면서도 이런 행동을 한 자를 어떤 벌로 다스려야겠는가?

이어 이안묵이 탄핵했던 서유린도 극변에 안치했다.

이제 선왕의 뜻을 추모해 의리를 천명하는 때를 만나 저 같은 흉괴를 어찌 서울에 둘 수 있겠는가?

그리고……

언교를 내린 지 여러 날이 지났는데도 아직껏 자명, 자수하는 이가 없다. 이런데도 대신, 삼사가 적막하기만 하니 대신과 삼사를 둔 의의가 있다 할 수 있겠는가?

대비의 뜻이 분명히 드러나자 벽파가 마침내 총공격에 나선다.

벽파는 자신들만이 진정한 노론 사류라는 자부심이 강했고,

당연하지.

우리만이 일관되게 의리를 지켜왔으니까!

노론 시파, 소론, 남인 모두 함께할 수 없는 세력이라 생각했다.

청소해야 할 대상일 뿐!

의리를 버리고 시류를 좇으며 영화를 누린 저런 자들과 어떻게 손을 잡나?

다 죽었어.

영수인 심환지는 정조 초부터 서명선에 대해서도 언제나 배척하는 태도를 고수했다.

서명선은 채제공과 남인을 반대하고, 세자 추숭에도 반대 입장을 분명히 하는 등 벽파 노선을 지켰는데도 그랬다.

순 꼴통이네

흥! 그래봐야 뿌리가 소론!

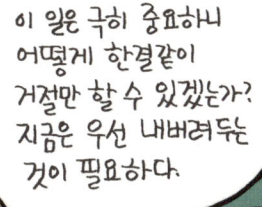

한편 대왕대비의 숙부인 김한기가 죽기 전에 써놓은 유소(遺疏)가 공개되었는데,

소는 김귀주 유배지를 섬에서 육지로 옮겨왔을 때

대왕대비가 보낸 서찰이 현지 수령들에 의해 능욕당한 여러 사례를 담고 있다.

"서찰을 갖고 온 이를 꿇어앉게 하여 모욕을 주고"

"진위를 확인한다며 미리 뜯어보거나 아예 전해 주지 않을 때도 있었나이다."

당시 해당 수령들은 극변이나 절도에 안치되었다.

그런데 애초에 서슬 퍼런 대왕대비의 태도나 벽파의 강경한 요구에 비해 초기 대왕대비의 처리는 상당히 온건했다.

"절도 안치" "변방 유배" "유배"

피바람은 다른 곳에서 불어왔다.

신유박해

시파에 대한 탄핵이 계속되던 와중인 순조 1년(신유년) 1월, 대왕대비가 명했다.

선왕께서는 매번 정학이 밝아지면 사학은 절로 종식될 것이라 하였다. 지금 듣건대 사학이 옛날과 다름없어 서울에서 기호 지방에 이르기까지 불길처럼 번져가고 있다 한다. ……

수령들은 각기 그 관할 지경 안에서 오가작통법을 닦아 밝히고 통 내에서 사학하는 이가 있으면 통수(統)가 관가에 고하게 하여 징계하고 다스려 진멸함으로써 남은 무리가 없도록 하라.

정조 시절 진산 사건(윤지충, 권상연이 복주된 사건. 제16권 118~119쪽 참조)을 겪고 위축되는 듯했던 천주교는

이즈음 더욱 확산되고 있었다.

대왕대비의 하교는 정조의 대책이 실패임을 천명한 것이다.
이제 환경은 바뀌었다.

벽파의 사학 척결 주장은 사실 다수 사대부의 여론을 반영한 것이기도 했다.

형조와 지방 관아들에서 동시다발적으로 관련자를 검거하기 시작했다.

리더들은 이미 세상에 알려진 터여서 곧바로 체포되었는데, 끌려오면서도

국문을 받으면서도 그들의 표정은 평온했다.

자신의 신념을 고수했고,

정약종의 집에서 발견된 문서와 정약종의 글로 인해 혐의를 벗을 수 있었다.

아우(약용)로 하여 알지 못하게 해야 합니다……

형제와 함께 서학을 할 수 없으니 내 죄다

형의 혐의에 대해 증언을 거부한 정약용은

신하는 임금을 속일 수 없고 아우는 형을 증거할 수 없습니다.

정약전, 이치훈 등과 함께 유배되었다.

피신했던 중국인 신부 주문모는 가혹한 검거 선풍을 지켜보다 자수를 택했다.

그의 진술로 새로운 관련자들이 상당수 드러났다.

그중에 김건순이 있었다.

헉! 저 양반은 명문인 안동 김씨 중에서도 충신 김상헌의 제사를 받드는 봉사손 아닌가?

정말!

＊봉사손(奉祀孫): 조상의 제사를 맡아 받드는 자손.

해서진인(海西眞人) 운운하며 《정감록》에 의거해 변란을 꾀하는 이들과 교류를 지속하는 등 섬을 근거지로 삼고 뭔가를 해보려는 생각은 버리지 않았다.

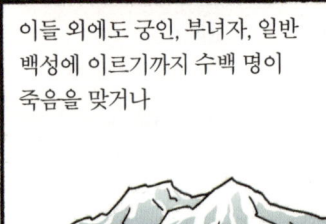

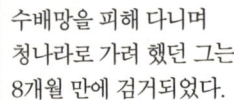

조선에서 신앙 활동의 자유를 얻기 위해 다음과 같은 요청을 담고 있었다.

1. 청 황제를 통해 조선으로 하여금 서양 선교사를 받아들이게 압박해주십시오.
1. 안주에 무안사를 설치해 조선을 직접 통치하여 서학을 자유로이 신봉할 수 있게 해주십시오.
1. 서양의 큰 배 수백 척에 군사 5~6만을 보내 조선을 압박해 서학이 행해지게 해주십시오.

이는 그 혼자만의 생각이 아니라 당시 천주교 신봉자 일반의 뜻을 담은 것이리라.

집권 벽파는 자신들의 강경책이 정당함을 새삼 확인했다.

"무군무부의 무리라더니 과연 그렇군."

"사학을 자유롭게 퍼뜨리려고 나라를 팔아?"

천주교에 대한 박해는 상당 기간 동안 계속되어 수백 명이 처형되었다.

조정의 강경한 탄압은 상당한 효과를 가져왔다. 사대부가에서는 일가 중에서 신도가 나올 경우 강압을 써서라도 배교하도록 했고,

"이 집안 망칠 놈아! 죽을래, 배교할래?"

백성도 자기 집안은 물론, 오가작통법에 따라 이웃까지 경계하게 되었다.

그런데 이때는 이미 종교로서의 모양을 분명히 보여주고 있지만, 식자들에게 천주교는 여전히 '서학'이었다.

그 때문에 이런 인식이 널리 퍼지게 되면서

서양의 기술, 학문에 대한 관심도 크게 위축되고 말았다.

하늘 한 뼘도 볼 수 없게 가시울타리에 꽁꽁 갇힌

은언군 이인은 아들 철득과 함께 어느 비 오는 날 밤, 가시울타리 틈을 벌리고 탈출한다.

홍낙임의 경우는 사실 그 집안이 거의 몰락한 터였고,

비록 그가 그동안 행동을 조심하지 않은 면이 있었다 해도

이인과 엮어 처리할 일이 아니었다.

이인보다 홍낙임의 사사에 민심은 더 싸늘하게 반응했다.

대비의 복수고

벽파의 복수지 다른 거 뭐 있나?

그동안 받아들여지지 않았던 사안들도 대거 받아들여졌다.

정민시의 관작을 추탈하라는 대간의 청을 받아들인다.

채제공도 추탈하라.

김치묵도.

조카사위인 황사영의 체포로 인해 정약용은 유배지에서 끌려와 국문을 받았다.

그러나 새로운 것이 나오지 않아 다시 유배된다.

유배 생활은 18년이나 이어졌지만

그는 낙망하지 않았다. 공부하고 연구하며 저술에 전념했으니

목민관인 수령이 백성을 다스리는 지침을 일러주는 《목민심서》, 조선의 제도 개혁 방향을 다룬 《경세유표》등이 이때 지은 책들이다.

귀양에서 풀려난 이후로도 저술 활동은 계속되어 형옥에 대한 처리를 기술한 《흠흠신서》를 비롯해 유교 경전 해설서, 역사서, 예론집, 음악서, 의학서 등 다방면에 걸쳐 수많은 저작을 남겼다.

그러나 조정은 끝내 그를 쓰지 않았고, 효명세자와 순조가 죽게 되었을 때 그의 의학 지식을 높이 사서 화급히 부른 게 전부다. 그마저도 너무 늦게 불러 재능을 펴보지 못했다.

예순대비의 정치

간혹 예순대비는 단지 심환지가 하자는 대로 한 것뿐이라는 식의 서술이 있는데, 옳지 않다.

언문 하교를 봐도 그렇고, 수렴청정을 하는 자리에서의 논의나 하교를 보면 그녀는 공부가 많이 되어 있을 뿐 아니라 명석하고 논리적이다.

오랜 경험, 정치감각과 결단력을 보건대

수렴청정기의 정치는 집권 벽파의 정치이기 이전에 예순대비의 정치라 하겠다.

순조 2년 1월, 심환지가 아뢰었다.

장용영 설치는 정미한 뜻과 괴로운 마음이 따로 있는 바 있어 ……
내외영이라 하지 않고 외내영이라 하시고 영사(營司)라 하지 않고 위부(衛部)라고 하신 것은 모두 언외의 뜻을 내보이신 것이옵니다.

과거 한가로이 계실 때
'나의 이 거조는 부득이한 것이고 나를 좌우에서 호위하는 것은 일시적인 방편에서 나온 것으로 후세에 법식으로 삼을 필요 없다'
하셔서 연신들이 머리를 조아려 받든 바 있나이다.

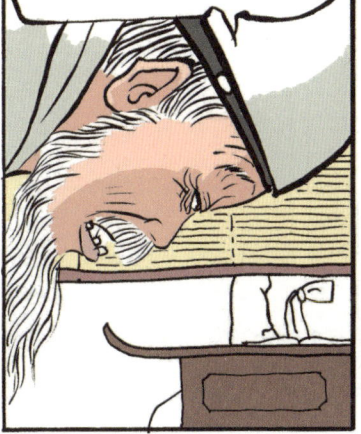

대개 선대왕께오선 부득이한 정밀한 뜻이 있었기 때문에 부득이한 설치가 있었던 것이고 지금에 이르러선 의리가 달라지고 제도는 변통함이 합당하옵니다.

장용영을 특별히 혁파할 것을 명하소서.

대신들의 생각은 어떻습니까?

수상이 아뢴 것은 오늘이오나 신들이 깊이 생각하고 의논한 지 오래된 일이옵니다.

시파와 남인 세력 축출,

천주교 박해와 함께

장용영 혁파와 규장각 기능 축소는 대왕대비의 정치를 정조의 개혁 정치를 뒤집은 반동 정치로 규정하는 근거로 제시된다.

정순왕후의 반동!

지난 정치 과정으로 인해 왕실의 어른이기에 앞서 벽파의 수장이 되고 말았던 그녀였기에

시파와 남인 세력 축출이 이해될 수 없는 행보는 아니다.

친정의 원수! 오라비의 원수! 뿌득

그러나 어쨌든 반대 세력까지 함께 안고 가는 정조의 탕평에 대한 전면 부정이었다.

천주교 탄압 역시 정조의 대응과는 상반되는 대응임이 분명하다.

하지만 이는 반동이라기보다는 '사학'을 대하는 방식의 차이라 이를 만하다.

이후 집권한 이들은 시파든 세도정치 세력이든 대원군이든 모두 그녀와 같은 입장을 취했다.

유교 국가인 조선에서 사실 정조식으로 대응을 할 수 있는 최고 지도자는 정조밖에 없었지 싶다.

장용영 혁파는 장용영을 어떻게 볼 것인가에 따라 평가가 달라진다. 심환지의 말을 인정한다면

정조가 상왕이 되어 수원 행궁으로 내려간 이후의 보위를 위한 것이고,

정조는 여러 번 같은 뉘앙스의 말을 했습니다. (16권 203, 204쪽 참조)

그 때문에 그럴 이유가 사라진 상황이기에 혁파가 마땅하다.

그랬기에 우리가 패퇴한 뒤에도 누구 하나 장용영 복설을 주장하지 않은 것 아니겠어?

장용영을 시파인 김조순이 장악하고 있어서 시파와 왕권의 힘을 약화시키기 위해 혁파했다는 설명도 있는데,

김조순을 장용영 대장에 앉힌 건 순조 즉위 후 대왕대비였다.

장용영이 있어도 가령 김관주를 장용영 대장에 앉히면 어찌 될까?

장용영도 대왕대비와 벽파의 무력이 되지 않겠는가?

정조 즉위 후 사방이 적인 조건에서도 정조는 일개 문생인 홍국영을 훈련대장으로 삼아 오군영을 장악한 바 있다.

요는 능력이쥐!

제1장 예순대비의 수렴청정 53

규장각도 그렇다. 정조 시절 규장각은 사실 지나치게 역할이 확대되었다.

기존의 조직으로 담당 못할 새로운 필요에 따른 업무라면 모를까 경연관, 언관, 사관, 승지의 일까지 맡게 한 것은

규장각 관원은 경연에 참석하라.

규장각 관원도 입시하여 기록하라.

그대는 이 뜻을 비변사에 전하도록 하라.

조직 간의 혼선과 갈등을 부르거나 기존 조직을 무력화할 위험이 있다.

할 일도 없고 가서 바둑이나 한판 두세.

이게 무슨 개혁이야?

왕의 뜻을 받드는 문사의 육성 또한 정조가 규장각을 설립한 주요 이유이다.

그런 기능이라면 이후 다른 임금이라도 필요할 때 얼마든지 활용할 수 있었다. 단지 하지 못했을 뿐.

폐지된 건 아니었으니까.

예순대비는 오히려 정조의 개혁 정책을 계승하려고도 했다.

순조 1년 1월, 대왕대비가 명하기를

"선왕께서 내노비와 시노비를 일찍이 혁파하려 하셨으니 내가 마땅히 그 뜻을 계승하여 일체 혁파하려 한다."

정조도 그러고 싶었지만 급격한 개혁에 따른 반발을 우려해 추쇄관을 혁파하고 부당 징수를 금한 정도로 대응했는데,

"낱낱이 조사해 도망했거나 죽은 자를 기록하고 보고하라. 만일 속인 일이 발각되면 해당 수령을 엄벌하겠다."

정조의 뜻이었다며 전면적으로 혁파해버렸다.
노비안은 돈화문 밖에서 불태워졌다.

내수사, 각 궁방, 종묘, 사직, 종친, 의정부 등에 소속된 6만 6,000여 명의 노비가 해방되었다.

순조의 입을 빌려 내린 하교는 이렇게 그 공을 정조에게 돌리고 있다.

정조는 지속적이고도 치밀한 관리의 정치를 행했다. 주요 사안을 챙기며 관리들의 기강을 단속하고

취하는 조치들이 백성에게 실제 미치는지를 중시했다.

가령 흉년이 들면 어떤 왕이건 해당 지역 백성에 대한 구휼 조치를 명한다.

그러나 구휼미가 지원되었을 때 그것이 굶주리는 백성에게로 갈 것인지

수령과 아전 들의 창고로 갈 것인지는 별개 문제다.

관리들의 기강에 대한 대왕대비의 질타를 들어보자.

지금 탐오한 풍속이 날로 심해지고 있다. 비록 암행어사가 몰래 살피고 조정에서 거듭 금하고 있으나 법망이 해이해져 두려워하지 않는다.

공공 재산을 횡령하거나 교묘한 이름을 붙여 백성에게 거두는 자는 유배하거나 금고시키고 사면할 때에도 풀어주지 말아라.
순조 1.1.10

이번 암행어사들이 수령을 탄핵한 것을 보니 태반은 세력 없는 음관들로 현달한 거족은 열에 하나도 없었다.

아! 생민의 위급함이 거꾸로 매달린 것 같은데 위아래가 모두 직무에 게을러 구제하는 대책이 없으니 이는 진실로 이 미망인이 무거운 짐을 감당 못한 때문이겠지만 묘당의 대신, 재상들도 어찌 책임이 없다 할 수 있겠는가?
순조 2.7.6

죽은 서명선이 잘못한 꼬투리를 잡고 대간의 탄핵이 이어지자 서명선이 상소했던 12월 3일을 택해 이렇게 하교했다.

이에 공심이 있는 자일지라도 감히 이의를 세우지 못하니 이는 다름이 아니라 자신의 몸에 화가 옮겨질 것을 두려워해서이다. 참으로 한심한 일이다.

이후 서명선 탄핵은 쏙 들어갔다.

종종 그녀는 권력의 화신처럼 묘사되는데

Mrs. 權力

집착, 권모술수, 비정,…

앞서 보았듯이 명분을 중시하고 절제를 알았던 여인이다.

순조의 가례를 예정대로 치르거나

선뜻 수렴청정을 거두고 물러난 것은 그녀의 이런 면모를 잘 보여주는 대목이다.

＊공심(公心): 사사로움 없이 공평한 마음.

제1장 예순대비의 수렴청정 59

인릉
서울시 서초구 내곡동에 있는 순조와 순조의 비 순원왕후의 능.
순조는 처음에 파주에 묻혔다가 철종조에 이곳으로 옮겨졌고, 이듬해 순원왕후가 죽자 합장되었다.

제2장

시파의 집권과 벽파의 몰락

수렴을 거두다

* 친영(親迎): 혼인의 여섯 가지 예 가운데 하나로, 신랑이 신부의 집으로 가서 신부를 직접 맞이하는 의식.
* 육례(六禮): 혼인 때 치르는 여섯 가지 예법. 납채, 문명, 납길, 납폐, 청기, 친영을 말함.
* 대혼(大婚): 왕이나 왕세자의 혼인.

제2장 시파의 집권과 벽파의 몰락 63

* 정성(鼎盛): 젊은 나이라서 혈기가 매우 왕성함.

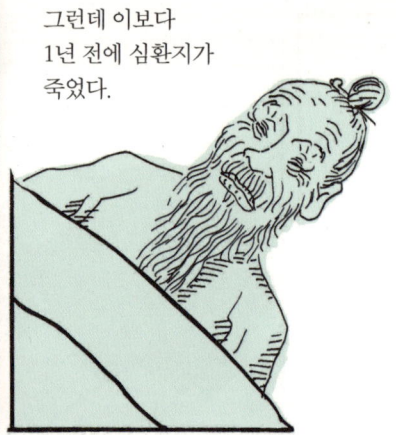

시파의 반격

예순대비의 인사는 물론 벽파와 친정 쪽 사람들 위주의 기용이었으나, 편협하지만은 않았다.

김씨가와 맞섰던 홍봉한가와 시파의 핵심들을 내치고

천주교 탄압을 통해 남인을 대거 쫓아내긴 했지만,

이병모, 이시수 등 소론계 대신들을 중용했고,

김조순과 순조의 생모인 수빈 박씨 가문인 반남 박씨를 우대했다.

그 때문에 그녀는 어쩌면 수렴을 거두고 물러나도 별일이 없으리라고 오판했는지 모른다.

아니면 자신의 힘과 정치력으로 충분히 조정을 제어할 수 있다고 자신했을 수도 있겠다.

그러나 상황은 바로 돌변한다.

이때를 기다렸어!

내가 누구야? 정치 9단이야. 훗

대간이 앞장서서 순조 1년 권유의 소를 문제 삼고, 대신들도 동조한다.

곡돌사신(曲突徙薪)이란 말까지 하며 헤아릴 수 없는 의도를 드러내었으니 국문하여 죄를 밝히소서.

권유의 소는 역적 토벌에 대해 고하면서 말미에 이런 내용을 덧붙였더랬다.

권유의 소는 당시에는 크게 문제되지 않았다.

돌아보건대 저 명문거족 중에 역적의 집안과 관련해 자신의 잘못을 깨닫지 못하는 자가 없다고 단정할 수 없나이다.
옛 사람이 천재를 피하기 위해 굴뚝을 굽게 만들고 근처의 나무를 다른 곳으로 옮긴다(曲突徙薪)고 한 경계는 이런 일을 염려한 것이옵니다.

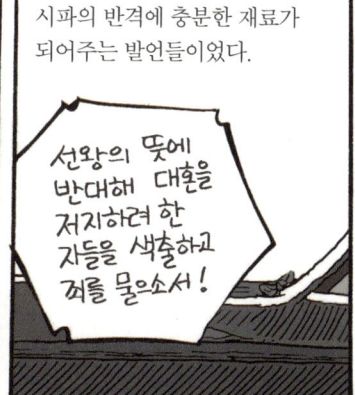

제2장 시파의 집권과 벽파의 몰락

"대간의 상소가 명백히 지목하지 않아서 시끄러운 상황을 불러일으키고 있기에 한 번 불러 묻고 심중에 있는 바를 다 말하고자 합입니다."

'이쯤이면 못 이기는 척 받아들이리라 예상했겠지만……'
"이제 체면은 충분히 세웠잖소?"

이시수는 물러서지 않았다.

"대간이 상소에서 말한 바를 신이 원본을 보지 못해 상세히 모르오나 자전께서 하시고자 하는 바를 문안 인사 때 성상께 조용히 알려주셨으면 성상께서 처분하셨을 것이옵니다."

"이미 처분한 뒤에 한 가지 일이 있을 때마다 또다시 수렴하신다면 어찌 자전의 공덕에 손상이 되지 않겠나이까?"

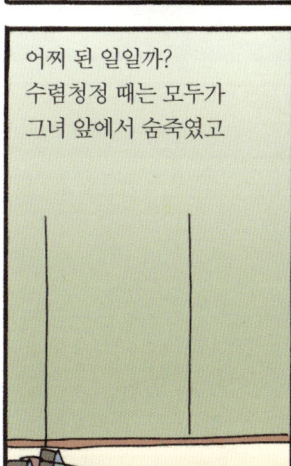

어찌 된 일일까? 수렴청정 때는 모두가 그녀 앞에서 숨죽였고

정조 시절에도 그녀의 한마디면 궐 안팎이 요동쳤다.

그런데 어째서 이시수는 그토록 완강히 저항할 수 있었으며,

대왕대비는 속수무책으로 물러나야 했나?

명분이다. 예순대비는 늘 명분을 쥐고 움직였기 때문에 정치적 힘을 가질 수 있었다.

자만해서였는지, 분노가 너무 커서였는지 그녀답지 않게 명분 없는 행동에 나섰다가

명분을 움켜쥔 이시수에게 저지당한 것이다.

그녀는 다음 날 언서를 내려 삼간택과 가례 택일과 관련한 당시의 일을 소상히 밝혀 자신을 향하던 세간의 의심을 풀었다.

그리고 불과 몇 달 뒤 숨을 거두었다.

몰락하는 벽파

대왕대비가 죽고 16세가 된 순조. 총명했고,

3년 반의 정치 실습 과정을 밟은 만큼

정치의 작동 원리도, 조정 신하들의 면면도 얼추 알았다.

대사헌 시파 이조 참판 벽파 그 뒤 호조 판서 안동 김씨로 시파…

수렴청정 기간, 왕은 대왕대비와 벽파의 정치를 보며 이런 의문을 품었더랬다.

그동안 들어온 것과는 너무 달라. 할아버지 추숭 문제도 사람들에 대한 평가도 …

그리고 무엇보다 부왕의 뜻이 왜곡되는 느낌이야.

궐 안에는 이제 70을 넘긴 조모 혜경궁 홍씨가 있다.

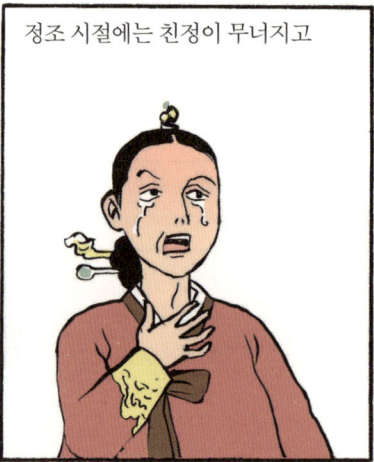
정조 시절에는 친정이 무너지고

순조 초, 친동생 홍낙임의 죽음을 지켜봐야 했던 그녀는

다짐했다.

"친정을 다시 일으키진 못하더라도 명예는 꼭 되찾아야지."

그녀는 지난 역사를 그녀의 시각으로 들려준다.

"…라고 알려져 있지만 사실이 아닙니다. 그때 아버님은 오로지…"

《한중록》의 가장 큰 집필 동기도 친정의 명예를 회복함에 있었다.

"나라밖에 몰랐던 아버지 홍봉한!"

"작은아버지 홍인한도 말실수를 한 것일 뿐 본심은…"

"남동생 홍낙임이 정후겸과 가까이 지냈던 것은 집안을 위한 희생."

대왕대비가 죽으면서 조정의 이목이 가장 집중된 인물은 다름 아닌 김조순.

왕의 외조부인 박준원, 그의 아들들인 박종경, 박종보를 비롯해 반남 박씨가 제법 세력을 이루고 있던 터였다.

이런 상황이다 보니 이제 왕에게는 이전과는 전혀 다른 정보들이 올라온다.

왕은 벽파의 공격을 받아 유배된 김이교, 김이익, 이재학, 채홍원 등을 풀어준다.

심환지가 가고

예순대비도 가고

그렇게 벽파의 하늘에는 먹구름이 다가오는데

우의정에 제수된 지 얼마 안 된 벽파의 김달순이

자살골을 넣고 만다. 왕이 불러 보는 자리에서 사도세자의 추숭 논의를 편 세력을 공격하고 영남만인소의 소두(疏頭)인 이우를 벌할 것을 극력 아뢴 다음,

이런 주장을 폈다.

경모궁(사도세자)의 아름다운 덕을 찬양하여 제일 먼저 간언을 용납하는 덕으로 칭호를 높였으니 그때의 대간인 박치원, 윤재겸에게 특별히 시호와 벼슬을 추증하여 선왕의 뜻을 계승하소서.

사도세자와 관련해 벽파의 의리가 옳다고 못 박자는 주장이다.

그리고 조용히 열흘 가까이 지났다.

우상이 아뢴 것 가운데

박치원, 윤재겸의 일에 이르러서는 의리에 관계되는 바 조처하지 않을 수 없다고 여겼습니다.

선대왕께서 세초를 청한 데서 모년의 일에 대해 차마 말할 수 없었던 선대왕의 성심을 알 수 있고 세초를 허락한 데서 영묘의 성의를 알 수 있습니다.

하여 찾아보니 차마 볼 수 없고 들을 수 없는 내용으로 나는 찾아본 것을 후회함은 물론 영묘와 경모궁 그리고 선왕께 죄를 지은 것만 같습니다.

지금 또한 그때와 다를 바 없는데 영묘와 선왕께서 차마 하지 못한 것에 대해 포증을 행한다면 죄를 얻는 것이 될 뿐 아니라 양조의 성의를 저버리게 될까 두렵습니다.

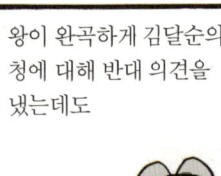
왕이 완곡하게 김달순의 청에 대해 반대 의견을 냈는데도

입시한 영의정 서매수, 좌의정 한용귀, 대간 들은 김달순을 사실상 지지했다.

세상에 어찌 만인소가 있을 수 있겠나이까? 협박하고 무함하고 다그치는 계교임을 알 수 있으니

이우 등에 대한 처분을 내리소서!

할 수 없이 한 발 물러섰는데

알겠소. 이우를 강진으로 유배하라.

형조 참판 조득영이 김달순을 공격하는 소를 올린다.

김달순은 어찌하여 선왕께서 다스리고 계실 땐 한마디도 않다가 이제야 아뢴단 말씀입니까? 정승에 제수되기를 기다려 비로소 깨달았단 말씀입니까?

저 대신은 선조의 은혜를 받은 사람으로서 차마 말할 수 없고 감히 말할 수 없는 일을 말했는데 그렇다면 무엇인들 차마 하지 못하겠나이까? 엄중한 처벌을 내려 대의를 밝히고 성효를 밝히소서.

*가극(加棘): 귀양살이를 하는 죄인의 집 둘레에 가시나무를 둘러서 다른 사람이 드나들지 못하게 함.

*와굴(窩窟): 못된 무리가 활동의 근거지로 삼고 있는 곳.

8자흉언의 진실

상소 가운데 이른바 당나라 중종의 일과 주자가 장경부에게 답한 서찰이란 무엇을 말하는 것입니까?

당 중종의 일이란 중종이 모후인 측천무후에 의해 유폐되었다가 충신 적인걸 등에 의해 모후가 폐위되고 중종이 복위한 일을 말하고

측천무후의 일에 대해 장경부는 당시 폐하지 않았다 하자 주자는 중종으로선 출모하는 일을 차마 하지 못한 것뿐이라 답했다 합니다.

선왕 초년에 홍상길의 역옥 때 홍상길이 이찬을 추대하려 했다고 하자 선왕께서 '이는 당 중종의 일을 인용한 8자흉언 가운데 나온 것이렷다'고 했던 적이 있나이다.

후에 들으니 김한록이 호중(湖中)에 있으면서 흉언을 발설하자 김이성의 부형 김의행과 김희순의 조부 김교행이 심한 말로 배척했다 하옵니다.

또한 김이성이 무신, 기유년(정조 12, 13) 사이에 연석에서 아뢰었는데 선왕께서 드러내지 않았다고도 합니다.

* 호중(湖中): 충청도, 늑호서(湖西)

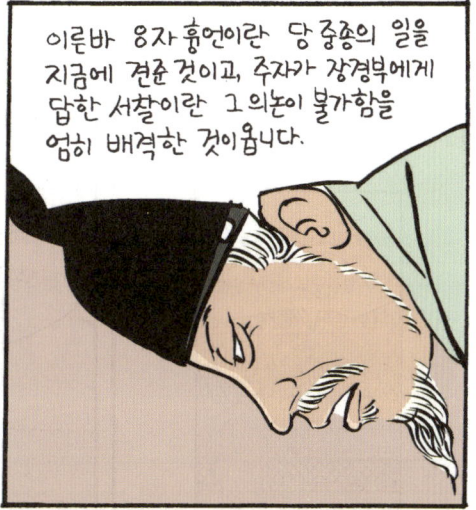

김이영과 한집안 사람인 김이교, 김희순도 소를 올려 김이영의 주장을 뒷받침했다.

*노륙(孥戮): 연좌제에 따라 죄인의 아내와 자식까지 죽임.

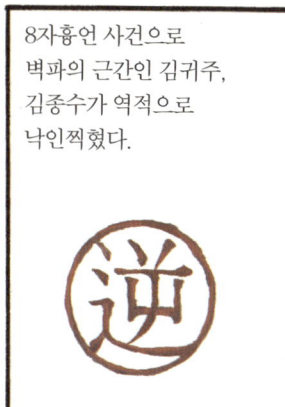

*출향(黜享): 종묘나 문묘에 모셔놓은 신하의 위패를 치움.

"강론한 말은 단지 장남헌과 주자의 설을 일반적으로 말한 것일 뿐이었나이다."

"어리석은 이라도 성토해야 했는데 마음으로만 절교했다는 게 원 말입니까? 이 말을 쓴 것은 세상이 신의 증조와 절교하지 않았음을 알기에 그렇게 표현한 것입니다.

실제 그 이후로도 신의 조부가 서울에 있을 때 김이영, 김희순의 무리가 왕래하면서 마치 한 집안처럼 지냈고, 갑자년(순조 4년)에 신의 조부(김관주)가 호중(湖中)에 성묘하러 가자 김이영이 중도에서 기다렸다가 종일토록 정성을 바쳤습니다.
(그 밖에 여러 유사 사례 거론)"

"신의 조부가 김한록의 흉언을 듣고는 물리치고 마음속으로 절교했나이다.
—김희순의 소 中—"

"신이 어릴 때부터 집안 부형의 말이 김한록에 미쳐서는 성을 붙여 부르지 않았습니다.
—김교행의 소 中—"

"그러나 우정은 죽을 때까지 변치 않았고 편지 왕복도 시종 한결같았습니다. 김의행, 김교행이 죽었을 때 신의 증조가 즉시 글을 지어 덕행을 칭송했는가 하면"

"김의행의 아들 김이성은 죽은 아비를 위해 신의 증조에게 만사(輓辭)를 청했고 증조는 들어주었습니다. (오고 간 편지와 만사 등은 모두 보관하고 있습니다.)"

징 징 징

* 만사(輓辭): 죽은 이를 기리는 운문 형식의 글.

김이교 등도 즉시 해명소를 올렸다.

정주성
옛 정주성 터. 지금의 평안북도 정주군에 위치하고 있다. 서북지방에서 일어나 인근 8개군을 점령하며 기세를 올렸던 홍경래군은 관군과의 첫 전투에서 패한 뒤 이곳으로 들어와 여러 달 동안 농성했다.

제3장

홍경래의 난

달라지는 백성

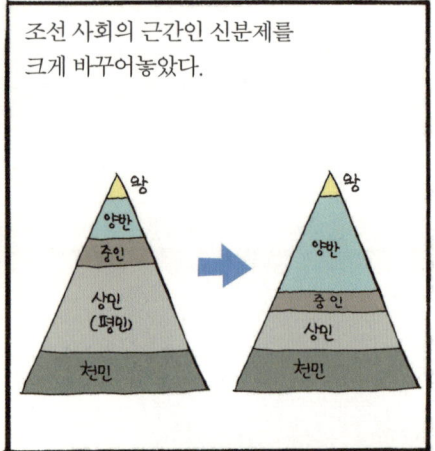

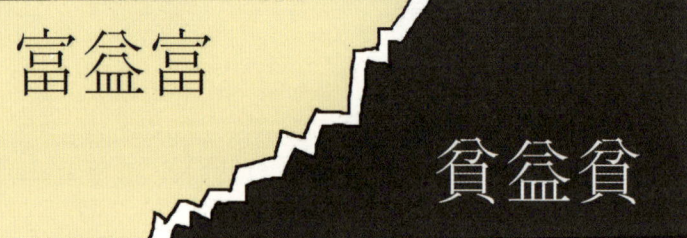

* 병부(兵符): 군대를 동원하는 데 사용하는 둥글고 납작한 나무패.
* 인신(印信): 관청이나 관리가 직무에 사용하는 도장 등을 통틀어 이르는 말.

형조가 부랴부랴 나서서 민심을 아뢰고

영의정 남공철까지 거들어

순조 8년에는 북청, 단천의 백성이 수령을 쫓아내고 좌수를 불로 지지기도 했다.

이제 백성은 더는 온순하기만 한 예전의 백성이 아니었다.

그런데 앞의 곡산부 백성의 일과 서울 도성 백성의 일 사이에는 그 처리에 있어 커다란 차이가 보인다.

두 사건에는 물론 중요한 차이가 있긴 하지만,

백성을 대함에 있어 어떤 입장 변화가 엿보인다.

그사이에는 홍경래의 난이 있었다.

파죽지세의 반란군

무기를 마련하고

가산의 다복동에 지휘부를 차려 은밀히 준비하더니

이윽고……

"3년째 흉작인 데다 역병까지 겹쳐 유랑자가 산천에 가득하고 세상에 대한 원망이 하늘에 닿아 있다."

때가 왔다!

이희저가 광산 노동자를 구한다는 광고를 내니 굶주린 많은 유랑민이 찾아왔다.

그렇게 모인 이들이 초기 봉기의 주력이 되었다.

홍경래 진영의 심상찮은 움직임은 관의 주시를 불러왔고,

"뭣들 하는 거야? 수상한데"

"요즘 광산을 노리는 도적들이 많다 해서리…"

제3장 홍경래의 난

홍경래는 이듬해 1월에 거사하려던 계획을 앞당긴다. 순조 11년 12월 18일, 다복동에서 출정식을 가졌다.

평서대원수 홍경래는 급박하게 격문을 돌리노니 우리 관서의 어르신네들과 자제들, 공사의 노비들은 모두 이 격문을 들으시오.

격문은 주로 평안도에 대한 차별과 안동 김씨, 반남 박씨 등 척족들의 득세를 규탄하고 있다. 대원수에 홍경래,

부원수는 김사용, 군사에 우군칙, 도총에 이희저,

선봉장은 홍총각과 이제초가 맡았다.

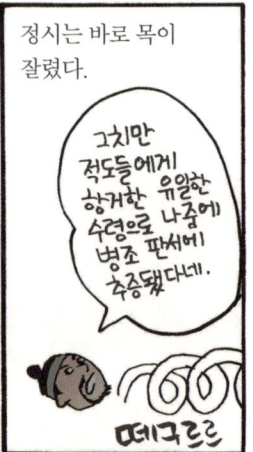
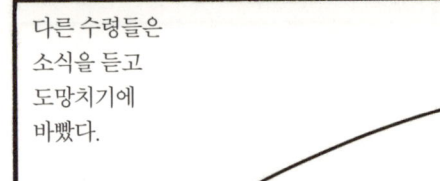

피의 정주성

관군 응원군이 뒤쪽을 치자

초반에는 봉기군이 제법 우세했으나

무너지기 시작했다.

도주한 봉기군은 본거지인 다복동을 거쳐 홍경래의 가족까지 데리고 정주성으로 들어갔다. 수백 명을 잃은 쓰라린 패배였다.

한편 또 한 갈래의 봉기군은 북진해 의주성으로 향했다.

곽산, 철산, 용천을 접수하며 기세 좋게 북상하던 봉기군은 패배의 소식을 들었으리라.

정주성의 봉기군은 본래 더는 떨어질 곳 없는 나락까지 추락했던 사람들.

그들에게 홍경래의 기치는 위험천만하면서도 한 줄기 희망이었다.

그 희망을 따라서 그들은 열흘간이지만 다른 세상을 보았던 터여서 뜻밖의 완강함을 보여준다.

관군이 몇 차례나 총공세를 펼쳤지만 번번이 실패하고 물러나야 했던 이유다.

*진헌(進獻): 중국에 조공으로 바치기 위해 각 도에서 거둬들이는 공물.

이를 위해 반군은 성문을 열고 나와 기습 작전을 감행한다.

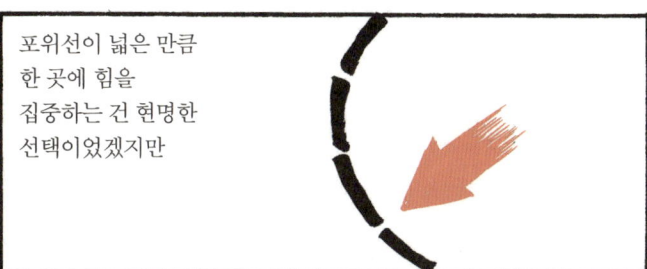

포위선이 넓은 만큼 한 곳에 힘을 집중하는 건 현명한 선택이었겠지만

쉽지 않았다. 몇 차례의 시도가 별 소득이 없었을 뿐 아니라

성 안으로 철수한다.

3월 22일 새벽의 기습에서는 적지 않은 패배를 당했다.

승리한 평안 감사의 보고를 들어보자.

흉적의 무리가 보름 사이 세 차례나 영채를 기습했사온데 이는 양식이 떨어지고 힘이 군색해 만 번 죽을 가운데 한 번 살 계책을 낸 것임을 알 수 있나이다.

이번에 위험을 무릅쓰고 영채를 공격했으니 그들 중 결사대를 선발했음을 알 수 있습니다. 그런데도 잡히고 참수 당한 자가 156명, 흩어진 자가 부지기수였으니 양식이 떨어지기를 기다리지 않아도 오래 버티기 어려울 것이옵니다.

그러나 이날의 패배 뒤에도 완강함은 여전했고

기생을 데리고 풍악을 울리는 심리전까지 보인다.

관군은 막무가내 공성전으로는 함락하기 어렵다고 판단하고 보름에 걸쳐 땅굴을 팠다.

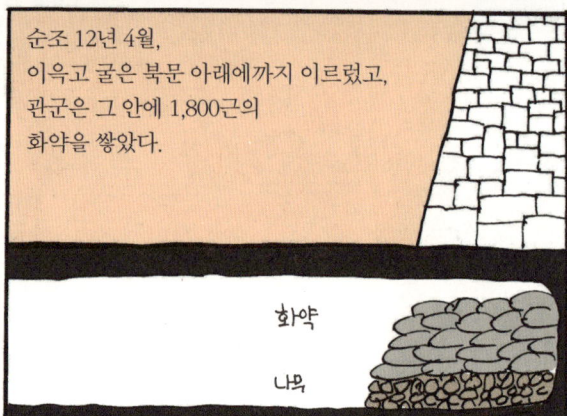

순조 12년 4월, 이윽고 굴은 북문 아래에까지 이르렀고, 관군은 그 안에 1,800근의 화약을 쌓았다.

화약

나무

평서대원수 홍경래는 탄환에 맞아 죽고

용맹을 자랑하던 홍총각은 사로잡혔으며

김창시, 이희저 등도 죽음을 맞았다.

한 시대를 뒤흔든 홍경래의 난은 그렇게 평정되었다.

이런저런 이야기들

살육을 면하고 생포된 이들은 2,983명, 이 중 여자와 10세 이하를 뺀 1,917명의 목이 잘렸다.

"인간 살처분이구나"

땡강 댕강 댕강 댕강 싹둑 땅강 뎅겅 댕강 땡강 뎅겅 땡강

그렇게 정주성은 피로 물들었지만

난이 평정된 후 성안을 살펴보니 관아의 건물들을 비롯해 사당, 향교 등이 온전히 그대로였다.

"역시 단순한 폭도는 아니었군."

그러나 홍경래의 격문을 보면 조선의 근간인 왕조체제와 신분제, 유교 질서에 대해서는 한마디도 문제 삼고 있지 않다.

당연히 대안 또한 거론하고 있지 않다. 한마디로 조선 사회를 대체할 비전을 갖고 있지 못했음을 방증한다 하겠다.

실학자들이나 비판적 지식인들 또한 크게 다르지 않았다.

그 때문에 방향을 갖지 못한 백성은 대안으로 《정감록》같은 예언 사상에 호응하거나

신 앞에서 평등한 천주교에 열광했던 것.

마무리하기 전에 홍경래의 난과 관련한 몇 가지 에피소드를 살펴보자.

정주성이 함락되기 전인 2월, 서울에서는 유한순이라는 이가 포교의 기찰에 걸렸다.

잡고 보니 그는 홍경래 측의 서울 정보원.

곳곳에 글을 써 붙여 민심을 선동하는가 하면,

관군의 소식을 탐문해 봉기군 측에 알리곤 했다.

"평안도에 얼른 다녀올게."

같은 역할을 했던 이들이 곳곳에 더 있었을 것이다.

홍경래와의 연관 여부는 불확실하지만, 서울에서는 박종일 등이 기회를 틈타 거사를 꾀하다 발각되기도 했다.

봉기 후 보여준 수령들의 태도도 조정에 큰 충격을 주었다.

함락된 여덟 고을 중 항거한 이는 가산 군수 정시뿐이었고

둘은 자발적으로 항서를 써 바쳤으며

다섯은 저 혼자 살려고 도망했지.

도망친 이 중에 태천 현감 유정양이란 자가 있었다.

평정된 뒤에야 돌아온 그는 낯선 이들을 닥치는 대로 잡아다 역도로 몰아

이실직고 못 하겠니?

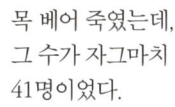

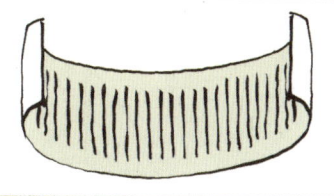

목 베어 죽였는데, 그 수가 자그마치 41명이었다.

이 일은 6년이 지난 다음에야 평안 감사 이조원의 상소로 드러났는데

유영철보다 많네.

조정이 그에게 내린 처분은 유배가 고작이었다.

저 뻔뻔한 낯짝 좀 봐.

인간백정

쳇!

제3장 홍경래의 난

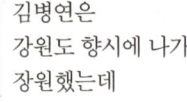

홍총각과 우군칙은 서울로 압송돼 조사받은 후

능지처사되었다. 이때 조각난 홍총각의 시신에 접근하는 모자가 있었으니

의병장 허항의 부인과 아들이다.

허항은 의병을 일으켜 의주로 향하는 봉기군을 패퇴시키는 데 크게 기여했다.

이후로도 계속 관군과 함께했는데

홍총각이 정주성을 나와 기습했을 때 앞장서 싸우다

죽는다.

제3장 홍경래의 난 129

* 정려(旌閭): 충신이나 효자, 열녀 등의 동네에 붉은 문을 세워 표창함.

희정당
창덕궁에 있는 편전. 효명세자는 네 살에 이곳에서 세자 책봉식을 가졌고, 스물두 살에 이곳에서 죽었다.

제4장

임금 순조

성실한 청년 임금

정치와 권력의 생리를 이해했던 것이리라.

지금은 할머니와 벽파의 세상. 할머니의 뜻이 진리이고 정의!

조금씩 자신의 존재감을 드러내기 시작한 왕은

자전께서 이미 하교하셨는데 어찌하여 말이 많은가?

그머들을 파직하겠다.

순조 3년에 이르러서는 적극적으로 정사에 참여하는 모습을 보여 은연중에 친정이 가능함을 과시했다.

그리고 마침내 친정을 시작한 순조 4년, 그래 봐야 고작 열다섯의 나이지만, 이미 어린 느낌이 아니었다.

덩치까지 커서 어른 같아.

젊은 왕은 또한 부지런했다. 매일같이 신하들을 접견하고

경연에 임했으며

부임지로 떠나는 감사, 병사, 수령, 변장 들을 접견했다.

그러나 전략적 구상이 없었다.

시대의 요청에 부응한 그만의 정치적 비전을 갖지 못했다.

특히 사도세자 추숭은 정조의 한결같은 염원이었음을 누구나 알고 있고

아들인 순조에게 바란 것임을 혜경궁 홍씨가 《한중록》에 공공연히 밝혀놓기까지 했다.

하지만 왕도

선왕의 이러한 정책들을 적극 지지했다 하여 시파란 이름을 얻은 집권 세력도 누구 하나 입을 열지 않았다.

결국 순조와 집권 시파는 사실상 예순대비와 벽파의 정책을 하나도 뒤집지 못했다.

왕은 끝내 김한록의 증손자 김성길을 조사해 배후를 처벌하라는 집권 시파의 요구에 응하지 않았다.

배후로 알려진 김일주를 국문하거나 정법하라는 요청에도 따르지 않았다.

그의 주장이 창작된 소설이 아니라 상당한 진실을 담고 있음을 알았기 때문이리라.

……

그렇다고 그 반대편인 김이교, 김희순 등을 홀대하지도 않았다. 그들은 집권 시파의 중심인 안동 김씨의 주요 멤버들이다.

우리를 대놓고 의심하지도 않는데 김성길, 김일주의 처리를 끝까지 주장할 필요야 없지.

자칫 긁어 부스럼이 될 수 있거든.

그렇게 현실 정치와 각 세력들의 약점들도 잘 알았지만

왕은 더는 그 혼탁한 세계 속으로 들어가려 하지 않았다.

영조나 정조처럼 지나치게 강한 당파는 견제하고, 약한 쪽은 키워가며 서로 견제케 함과 동시에 180도 서로 다른 각 당의 주장을 조정하며 탕평의 길을 갈 자신이 없었을지도 모른다.

그렇게까지 하며 꼭 이루고 싶은, 이루어야 할 정치적 목표도 없었다.

왕은 정치의 중심에서 한 발을 뺐다. 중요한 정치적 판단, 결정 등은 비변사에 맡기고

무기력한 중후반기

체격은 큰 편이었지만

왕은 즉위 10년 즈음부터 자주 병에 시달린다.

홍경래의 난 때도 병으로 고생 중이었다.

홍경래의 난이 준 충격도 컸으리라.
"그렇게나 부지런히 정사에 임해왔는데 대체 왜?"

뜻밖에 수천 명의 백성을 죽인 주인공이 되고 말았다.
"선배님!"
Mr. 29만 원
으아~

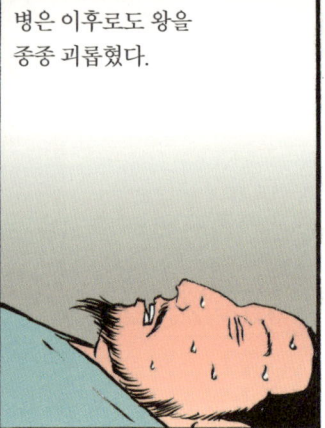
병은 이후로도 왕을 종종 괴롭혔다.

왕은 차츰 정사에 열의를 잃어갔다.

"다 귀찮아."

순조 20년 즈음부터는 경연도, 신하들을 불러보는 일도 뜸해졌다.

"오늘도 아프시다고 다음에 오시랍니다."

급기야 순조 22년, 영의정 김재찬은 이렇게 아뢴다.

"말씀하실 때에는 무언가 해보시려는 듯하다가도 일을 당하면 실속이 없으니 이는 교령(敎令)이 성실치 못하신 것이며

대내에서 한가로이 계실 때가 많지만 밖에 나와 신하를 접견하는 일이 드무니 이는 동정(動靜)이 성실치 못하신 것이며

경연을 여는 날이 적어서 책 한 권도 끝을 맺을 기약이 없으니 이는 마음이 성실치 못하신 것이며

백관이 나태해져 한가지 일도 진작시키지 못하고 각지에 일이 산적해 있으나 자문하는 것을 볼 수 없으니 이는 다스림이 성실치 못하신 것이며

역병이 치성한 데도 숙은한 하교가 없고 벼슬을 위해 세도가를 찾아가는 습속이 굳어졌는데도 단속하는 바가 없으니 이는 아랫사람 통솔에 성실치 못한 것이옵고

⋮"

* 죄안(罪案): 범죄 사실에 대해 적어놓은 기록.

* 빈전(殯殿): 발인 때까지 왕이나 왕비의 관을 모시던 전각.
* 혼전(魂殿): 임금이나 왕비의 장례를 치른 뒤 종묘에 자리를 정할 때까지 신위를 모시던 전각.

효명세자

효명세자는 순조 9년에 태어나

네 살에 세자에 책봉되었다.

열한 살에 배필을 맞았으니, 조만영의 딸이다.

김달순을 공격한 조득영을 왕은 높이 샀고, 이후 중용했는데

그의 집안에서 세자빈을 고른 것이다.

풍양 조씨

세자가 장성해감에 따라 왕은 주요 행사에 세자를 종종 대동했다.

그러다가 순조 27년 2월에 대신들과 2품 이상의 중신들을
불러 대기하도록 명한 다음 비망기를 내린다.

내가 신미년(순조11) 이후부터는
병중에 있던 날이 많았고 더러 편안했을
때에도 기무에 지체됨이 많았으니
나라 사람들이 근심하는 바가
곧 내가 근심하는 바이다.

세자는 총명하고 나이가 점차 장성해가니
요즘 시좌하거나 제사를 주관케 하는 것은
다 뜻한 바가 있어서이다.
멀리는 당나라를 상고하고 가까이는 열성조의
대리청정하는 일을 본받아
내 마음이 이미 정해졌다.

한편으로는 노고를 분담케 하여 요양을 돕고
또 한편으로는 밝게 일을 익혀서 치도를
통달하게 하려 함이니 이는 종사와
생민의 복이다.

조정의 여러 사람에게 이에 대계를
알리노니 왕세자의 대리청정을
을미년(영조51)의 절목에 의거해
거행케 하라.

* 전배(展拜): 궁궐이나 종묘, 문묘, 능침 등에 참배함.

세자는 젊은 지도자답게 시원시원하고 단호했다.

무엇보다 그는 의욕적이었고, 초기의 처신으로 볼 때 이런 문제의식을 가지고 있었던 것으로 보인다.

부왕께서 옥체가 미령하신 탓으로 비국에 많은 것을 위임하자 권력이 비국에 집중되면서 조정의 기강이 크게 떨어졌다.

조정의 기강을 바로잡아야 나라도 바로 서고 백성이 편안해진다.

그런데 앞서 처리한 서만수 사건의 진실은 전혀 다른 데 있었다.

서만수의 아들이 격쟁을 하고

신문고를 울리며 진실의 실체가 드러나는데…….

이조원과 정조의 비 효의왕후의 인척인 김기후는 순조 14년, 왕이 크게 편찮자 흉서를 만들어 돌리는 등 불측한 움직임을 보였었다.

음악에도 조예가 있음을 보여주었지만

근래 종묘 제례악 등을 보면 구차하게 음절과 가락을 맞추기는 하지만 화창한 것으로 조화롭게 하고 느린 것으로 조용하게 하는 소리가 없으니 어찌 한심하지 않은가? 제조가 책임지고 각별히 경계시킴은 물론 옛 음악을 익히게끔 장악원 벽에 써서 붙여두어 고취하라.

예 저하!

공부는 좋아하지 않았는지 이런 비판을 들었다.

근래 서연도 거의 열지 않으시고 《서경》 1부를 5년 동안이나 마치지 못하고 계시옵니다.

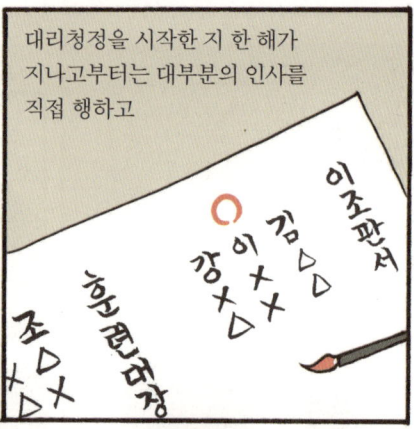

대리청정을 시작한 지 한 해가 지나고부터는 대부분의 인사를 직접 행하고

심지어 정승까지도 직접 임명하는 모습을 보여준다.

근래 정승이 모두 비었다. 정만석을 우의정에 제수하라.

진정한 대리청정

이쯤 되면 거의 임금인 걸.

그런데

웃음 잃은 날들

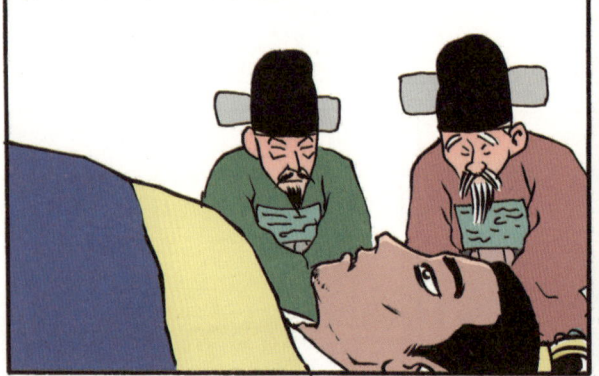

아! 하늘에서 너를 빼앗아 감이 어찌 그렇게도
빠르단 말인가? 앞으로 네가 상제를 잘 섬길 것이라 여겨
그런 것인지, 장차 우리 나라를 망하게 하려고 그런 것인지,
아니면 내가 착하지도 어질지도 덕스럽지도 못해 신명에게
죄를 지어 혹독한 처벌이 내려 그런 것인가?
내가 장차 누구를 원망하고 누구를 허물하며 어디에
의지하고 어디에 호소할까?
말을 하려 하면 먼저 기운이 막히고
생각을 하려 하면 마음이 먼저 막히며
곡을 하려 하면 목이 먼저 메니 천하고금의 임금 중에
나의 처지와 같은 자가 있겠는가?

슬프고 슬프도다.
내가 눈으로 네 얼굴을 보지 못하고
귀도 네 음성을 듣지 못한 지도 벌써 60일이 지났구나.
그런데 너는 아직까지 잠이 들어 아침이 없고 저녁도
없이 명명(冥冥)하고 막막하기만 한 것인가?
아니면 네가 미련하여 참으면서 먹고 숨기기를
태연히 하며 유유범범(悠悠泛泛) 하게 여겨서인가?
네가 정말 알고 있는가, 모르고 있는가?
내가 혹 꿈을 꾸며 깨지 않고 있는가?
네가 정말 훌쩍 떠나버렸는가?
아니면 벌떡 일어나 돌아올 것인가?
⋮
지금 나의 슬픔은 너로 인한 슬픔일 뿐만 아니라
어질지 못하고 부덕한 죄를 쌓아
나의 훌륭한 자식을 잘 보전하지 못해
400년 종묘사직으로 하여금 위태롭기가
하나의 털끝 같지만 어떻게 할 수 없음을
슬퍼하는 것이니 무슨 말을 하랴?
슬프고 슬프도다.
아! 애통하여라!

왕이 직접 지은 제문이다.

＊ 명명하다(冥冥--): 아득하고 어둡다.
＊ 유유범범(悠悠泛泛): 일을 꼼꼼하게 하거나 조심하지 않고 느릿느릿함.

왕의 슬픔은 세자의 죽음으로 끝나지 않았다.

저... 저언하!

2년 뒤 5월에는 복온공주가 죽고

6월에는 다시 명온공주가 죽었다.

순원왕후 김씨와의 사이에서 2남 3녀를 두었는데, 이제 결혼 안 한 딸 하나만 남았다.

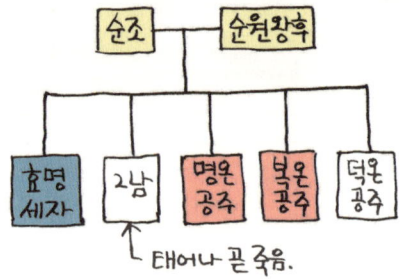

왕의 얼굴에는 웃음이 사라졌다.

안 그래도 쇠약해져 있던 육신, 슬픔을 감당하기에는 역부족이었을까?

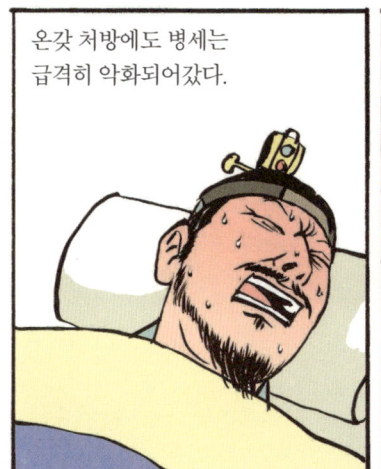

김조순 묘
순조 시절의 막후 실력자이자 60년 안동 김씨의 세도를 연 인물이지만, 생전의 처신을 반영한 듯 묘 또한 세도가의 위세가 느껴지지 않고 단출한 인상을 준다. 경기도 이천시 소재.

제5장

세도정치의
개막

막후 김조순

순조 32년 4월, 김조순이 죽었다. 68세.

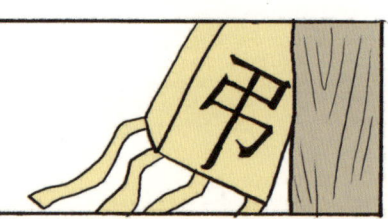

애통하고 애통하구나.
경신년(정조24) 선왕께서 내 손을 잡고
'지금 내가 이 신하에게 너를 부탁하노니
이 신하는 결코 비도(非道)로 너를 보좌하지는
않을 것이다' 하셨던 일이 어제 일처럼
아직도 귀에 쟁쟁하다.

내가 보위에 오른 지 30여 년 동안 보필의
중요한 자리를 맡겼던 것은 단지 왕실의
가까운 척친이었기 때문만이 아니다.
그는 부지런하고 충성스러우며 한결같은 마음으로
왕실을 위해 안으로는 지극히 정성을 다해
나를 올바르게 돕고 밖으로는 두루 다스려
진정시켜 시국의 어려움을 크게 구제했으니
국가가 오늘날이 있도록 보호한 것이
누구의 힘이었는가?

참으로 선왕께서 부탁하시어
맡긴 성의를 저버리지 않은 소치인데

아! 이제 끝났구나.

《실록》의 줄기 또한 칭찬 일색이다.

김조순은 용의가 아름답고
기국이 넓으며 식견은 통달했고 …

안으로는 국가의 기밀 업무를 돕고
밖으로는 백관을
총찰(總察)했으며 …

조야에서 모두 군자의 덕을
지녔다고 칭송했으며
빼어난 문장에
언행을 삼가고 조심함이
지극했다.

황현이 지은
《매천야록》에도
'글을 잘 짓고
일을 잘 처리해
후덕하다고 칭찬을
들었지만 그 자손들이
탐욕스럽고…'라고
기술되어 있군요.

죽은 그날로 나라에서는
그에게 영의정을 증직했고

문신으로서 최고의
영예인 충문공이라는
시호를 내려주었다.

忠文公

성균관 유생들은 연명 상소해 김조순의
사당 건립을 청했고

왕은 이를 받아들이고
원액을 하사한다.

玄巖

* 원액(院額): 서원의 이름을 써서 문 위에 거는 액자.

이에 김조순은 바로 차자를 올렸다. 이쯤 되면 짜증이 날 지경 아닌가?

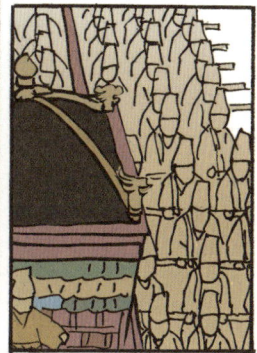

* 유선(諭善): 세손강서원에 속한 벼슬로, 좌우 각 한 사람씩 두었다.
* 요속(僚屬): 하급 관리.

*광중(壙中): 무덤의 구덩이 부분.

*내구마(內廐馬): 임금이 타기 위해 내사복시에서 기르던 말.

그가 순조 연간의 최고 실력자였음은 분명하다.

왕의 장인이라는 신분과 김상헌, 김수항, 김창집의 후예라는 가문의 후광, 일관된 처신으로 얻은 높은 신망, 그리고 막후에서 행한 탁월한 정치력이 어우러져 무려 30년 가까이 최강의 막후 실력자로 남았다.

흔히 그로부터 안동 김씨의 60년 세도정치가 비롯되었다고 말한다.

세도정치의 길

세도정치는 특정 가문이 권력을 장악하고 정치를 좌지우지했던 순조 이후 조선의 정치 형태로 설명된다.

勢道政治

흔히 홍국영을 세도정치의 원류로 보곤 하는데, 세간이 그를 세도재상이라 불렀던 데 기인한다.

재상도 아니면서 권력을 한 손에 움켜쥔 재상 위의 실세.

세도재상!

그러나 순조 이후의 정치를 세도정치라 부르게 된 것은 그 이전의 정치와 본질적으로 구분되기 때문이다.

그 이전의 정치는 물론 200년 넘게 이어져온 당파정치다.

따라서 세도정치란 당파정치를 대체한 정치로서 특정 가문의 위세가 당파보다 우위에 서게 되었음을 반영한 표현이다.

그런데 청명당 또한 이전의 당파들과는 다른 취약함을 드러냈으니, 또 다른 척신인 김귀주와의 연합이다.

이는 영조 말에 이미 당파보다 척신 가문이 우위인 세도정치의 특징이 뚜렷해졌음을 보여주는 예다.

정조는 자신을 위협했던 척신들을 단호히 척결해버리고 그 빈자리를 다시 당파들로 메웠다.

척신 척결에 뜻을 함께해왔던 노론의 주류 청명당 그룹과

이미 정치적 세력의 위상을 잃다시피 한 남인을 채제공을 세워 되살리고 무대 위로 끌어올린 것.

아이러니하게도 정조의 준론 탕평은 당파정치의 해소가 아니라 복원이었다.

사대부 정치란 게 원래 파당이 생기고 그러다 보면 싸움도 따르게 마련. 내가 잘 교통정리를 해나가면 문제 안 돼.

그런데 남인의 발탁은 사실 사도세자 추숭을 위한 포석이었다.

추숭을 주도할 세력으로 적임이니까.

이에 청명당이 강력 반발하면서 벽파가 되고

왕의 뜻에 호응, 동조하는 이들이 세력을 이루었으니, 곧 시파다.

그 이름에서 보이듯 시파는 뚜렷한 자기 이념이 없는 비당파적 당파다.

옛날의 탕평당이랑 비슷하구먼.

소론은 대부분 시파가 되고

서명선, 서명응 형제 집안은 거의 노론 벽파화 됐지만.

정조 후반기 당파라 할 수 있는 세력은 노론 벽파와 남인만 남았다.

예순대비의 수렴청정과 함께 집권하게 된 벽파는

제5장 세도정치의 개막 179

시파를 쫓아내고 남인을 제거해버렸다.

순조의 친정과 함께 집권한 시파는 벽파를 소멸시켜 버렸다.

마치 숙종~영조 초의 극단적인 당파정치를 복원한 것 같은 모습이지만

이 과정은 당파와 당파정치의 소멸과정이다.

당파다운 당파였던 남인과 노론 벽파가 사라진 것이다.

이제 조정에는 현실주의 세력인 시파만 남았다.

시파의 중심은 안동 김씨. 조선 최고의 명문가인 안동 김씨에는

서학을 신봉한 김건순이나

벽파였던 김달순, 김문순 같은 이도 있었지만

김한록의 8자흉언을 논쟁거리로 만들어서
벽파를 재기불능의 상태로 몰고 간
김이영, 김이교 등과

김수항의 후손인
김조순 등 대부분은
시파였다.

그중에서도
핵심은 역시
김조순.

안동 김씨뿐만 아니라
온 조정이 그의 행보를
주시했다.

어떻게 하려나?

제2의 홍봉한?

김조순은 김씨가와
홍씨가의 오랜 전쟁을
복기해보며 생각했다.

영조 말 제일 실력자였던
홍봉한과 그에 맞섰던
김귀주, 양가는 모두
몰락하고 말았다.
무엇이 문제였나?

홍봉한은 왜
청명당의 반발을
불렀으며
김귀주는 무엇 때문에
젊은 나이에
쫓겨났던가?

제5장 세도정치의 개막

임금이 정사에서 손을 놔버리고

비변사에서 대부분의 결정이 이루어지면서

비변사를 장악한 척신 가문들이 나랏일을 주무르는 세도정치가 열린 것이다.

요직은 온통 김이X, 김ㅅ순, 김ㅇ근, 김병ㅁ 등의 안동 김씨와

박종X, 박ㅅ수의 반남 박씨, 조X영, 조병ㅅ의 풍양 조씨들로 가득해요.

그리고 거기에 빌붙은 가문들.

아! 난 어째 저들 중 아는 이가 하나도 없을까? 한심한 인맥이당.
아!… 빌붙고 싶어.

김조순이 살아 있을 때는 그나마 세도정치로 상징되는 병폐들이 제어되고 정치도 안정되었지만

제5장 세도정치의 개막

그의 죽음과 함께 세도정치는 막장으로 치닫는다.

그 선두에 김조순의 아들, 조카 들이 있다.

자신은 겸양과 물러섬의 처신으로 일관했지만, 자식이나 조카들은 제어하지 않아서 순조 말년에 이미 요직을 맡으며 권력의 핵심으로 자리 잡은 것.

결국 그의 처신도 권력을 대하는 철학에서 비롯된 것이라기보다는 더 큰 권력, 정치적 영향력을 확보하려는 고도의 정치 행보와 다름없었다.

이여절의 나라

정조 19년, 창원 군수 이여절의 혹정이 드러나며 안핵사가 급파되었다.

안핵사의 조사 결과에 따르면, 그는 가혹한 형정으로

매우 쳐라! 매우! 매우!

자그마치 25명이나 장살했다 한다.

그리고 안핵사가 조사하러 오자 피살자의 가족, 친척을 협박하기도 했다.

사실대로 말했다간 죽음이야.

시킨 대로 답해. 알겠어?

이여절의 처리에 대해 채제공과 유언호 등은 이런 의견을 냈다.

공적인 일로 가한 형벌이었다면 사형에 처할 경우 나라에서 임명한 관원의 권위가 떨어지게 될 것이옵니다.

제5장 세도정치의 개막 185

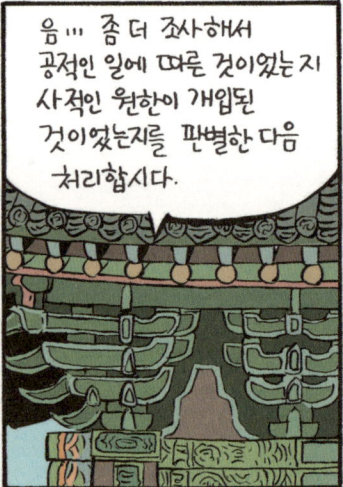

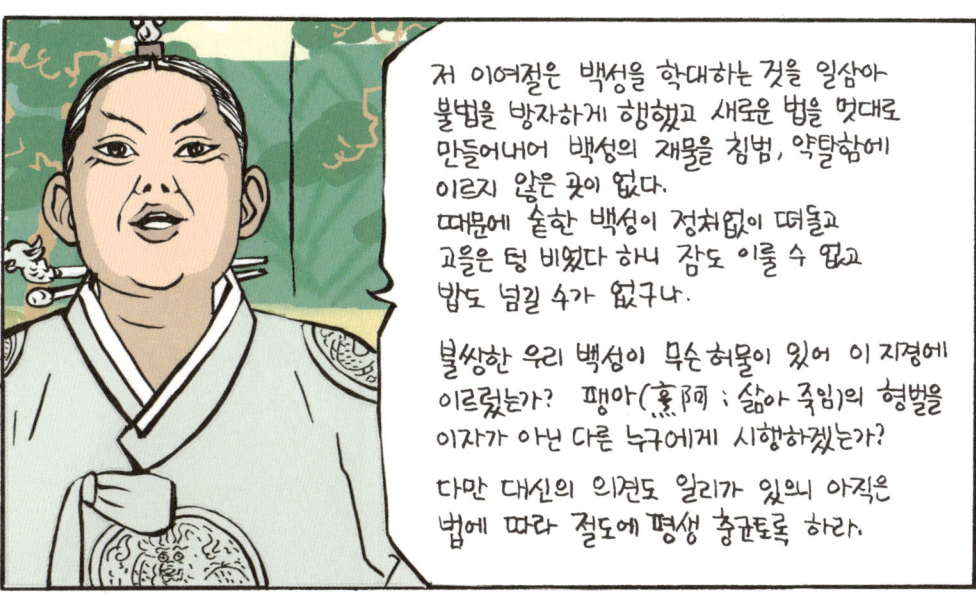

*장죄(贓罪): 벼슬아치가 뇌물을 받거나 관유물을 개인적으로 쓰고, 직권이나 부정한 방법으로 재물을 취득한 죄.
*충군(充軍): 죄를 지은 자를 군역에 복무하게 함.

그러나 그는 평생 절도에 충군되지 않았다.

이여절 사면!

순조 8년에는 전라도 암행어사의 보고에 그의 이름이 나오고

전 전주 부사 이여절이 향리에 살며 불법을 저질렀사옵고

다시 순조 22년에도 등장하는데, 무려 전라좌도 수군절도사에 임명되었다는 기록이다.

엣헴!

조선은 언제나 이런 식이었다. 사대부의 나라답게 사대부에게 무한히 관대한 법체계를 지녔다.

사대부에 의한 사대부를 위한 사대부의 나라.

사대부가 국가에 무엇을 해줄까 생각하기 전에 국가가 사대부에게 무엇을 해줄지 먼저 생각하는ㅋ

역모와 관련해서는 불순한 말 한마디로도 집안이 끝장날 수 있지만,

나는 왜?
입 벙긋한 죄!
입 벙긋한 자를 낳은 죄!
입 벙긋한 자의 아들인 죄!

그 밖의 죄로는 벌이 매우 가볍다.

죄

일찍이 조선의 설계자 정도전은 수령 선발의 중요성을 극구 강조한 바 있다.

수령이 바로 서야 나라가 산다.

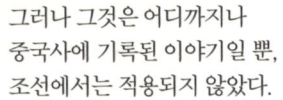

그러나 그것은 어디까지나 중국사에 기록된 이야기일 뿐, 조선에서는 적용되지 않았다.

암행어사가 내려가면 보통 한 도의 수령들 중 3분의 1가량을 탄핵한다. 그들은 각기 죄의 정도에 따라 추고, 체직, 파직, 금고, 유배 등의 처벌을 받는다.

그러나 즉위, 원자 탄생, 세자 책봉, 세자빈 책봉, 왕비 책봉, 즉위 몇십 년, 탄생 몇십 년, 역적 토벌 등등 나라의 경사에 따르는 사면으로 곧 풀려난다.

결국 조선 사회는 수령들에게 백성에 대한 수탈을 적극 권장하는 사회라 해도
지나친 말이 아닐 것이다.

늘 관리들 감찰에 신경을 썼던 정조 시기에는
그들의 탐학이 덜했지만

정치에 대한 관심이 덜한
순조 시대를 거쳐

본격 세도정치로
접어들면서는
걷잡을 수 없는 지경에
이르게 된다.

이양선의 출현

정조 때부터 새로운 모양의 배들이 눈에 띄기 시작했다.

그동안 보아왔던 배와 다른 모양이라 해서 이양선이라 불렀다.

異樣船
다를 이 모양 양 배 선

해안을 측량하러 오는 배도 있었고, 표류되어 잠시 머무르는 배도 있었다.

이양선에 대한 조선의 기본입장은 친절히 응대하고 필요한 것은 원조해주어 최대한 사달이 나는 것을 피하면서

빨리 내보내는 것이었다.

얼른 가
응. 얼른

영국인 상인과 독일인 선교사가 탄 이 배는 조선에 대한 조사 및 시장 개척의 목적을 갖고 왔다.

홍주 목사와 수군우후가 접촉했다.

다행히 이번에는 독일인 선교사가 한자를 알아서 필답이 가능했다.

조선은 이 만남을 통해 미지의 세계인 서양에 대해 많은 정보를 얻는다.

이번에 온 배도 영국 국적이라는 것,

또 영길리국이야?

영국은 예수교를 신봉하는 나라로, 청나라와는 교역한 지 200년인데

야소교?

천주학과 비슷한 거 아닐까요?

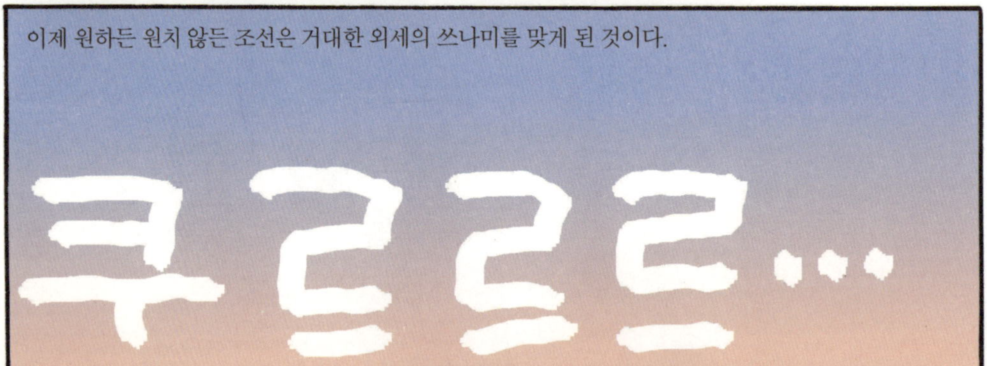

작가 후기

　　이번 권에서도 예순대비(정순왕후)에 대한 재조명에 상당한 지면을 할애했다. 그동안 여러 역사서나 소설, 드라마에서 그녀는 무척이나 사악하게 묘사돼왔다. '영조의 계비로 들어간 열다섯 살 때부터 그녀는 이미 사도세자 죽이기의 축이었고, 세손(정조)의 정적으로 세손을 제거하려 온갖 노력을 다했으며, 정조 즉위 뒤에는 정조의 정책을 사사건건 반대한 벽파의 수괴였는가 하면, 급기야 순조 초에는 수렴청정을 통해 정조의 모든 것을 부정해버린 반동정치의 수괴였다.'는 식으로. 그러나 15~17권을 통해 알 수 있듯이 이런 식의 평가는 사실관계에 많이 어긋난다.

　　'비범한 자질과 개혁 의지를 갖춘 정조, 그의 개혁이 성공했으면 뒷날 조선이 열강의 먹잇감이 되고, 끝내 일제의 식민지가 되는 역사의 불행도 없었을 것이다.'라는 가정에 많은 사람이 공감했다. 그러나 '정조의 개혁'은 성공하지 못했다. 사람들은 그 이유를 정조의 현실 인식, 구상, 정책, 노력이 적절했는지에서 찾기보다는 밖에서 찾고자 했다. 정조는 역사상 비근한 인물을 찾기 어려울 정도의 비범한 지적 능력과 의지를 갖춘 영웅적인 인물이니까. 결국 실패 원인은 정조의 반대자들에게 있어야 했다. 사도세자의 추숭과 정조식 탕평 등 정조의 주요 정책을 반대한 벽파가 정조의 반대자, 정적으로 낙인찍혔다. 그 정점에 정순왕후가 있다.

　　정조가 영웅화되면 될수록 정순왕후는 악의 캐릭터로 고착돼갔다. 김조순의 딸을 순조의 비로 삼고자 했던 정조의 뜻을 이어받고, 순조 나이 열다섯이 가까워지자 선선히

수렴을 거둔 일 등도 그다지 평가되지 않는다. 악의 캐릭터와 어울리지 않는 행동들이었으니까. 공노비의 해방 같은 그녀의 개혁적 조치들은 단지 민심을 무마하기 위한 것으로 치부된다. 그렇게 완벽한 영웅에 완벽한 안티 영웅이 만들어졌다.

친정 초의 순조는 강단 있고 똑똑했으며 부지런했다. 중반 즈음에 이르러서는 부지런하긴 했는데 뭔가 핵심에서 빗겨선 모습이었다. 후반에는 병으로 고생했고, 세자에게 대리청정을 시키는 등 정치일선에서 가능한 한 물러서고자 했다는 정도 외에 순조의 모습을 파악하기가 어려웠다. 《순조실록》 후반의 기록이 극히 부실하기 때문이다. 왕이 앞장서서 무언가 정책 목표를 제시하여 논의를 시킨다거나 하면 《실록》의 특성상 기록되지 않았을 것 같지 않다. 기록의 부실은 대부분의 결정이 비변사에서 이루어졌고, 왕은 의례적으로 신하들을 불러 보고 추인하는 정도의 역할을 했을 뿐임을 의미한다 하겠다.

다음 권은 헌종과 철종의 실록인데, 《순조실록》의 후반 기록보다 더 부실한 형편이다. 그만큼 세도정치가 정점에 이르렀다는 방증일 텐데, 어쨌거나 기록이 부실하니 《실록》을 토대로 만화를 구성해야 하는 필자로서는 걱정이 아닐 수 없다.

《순조실록》 연표

1800 순조 즉위년

7. 4 창덕궁 인정문에서 즉위하다. 영의정 이병모를 중추부 영사로, 심환지를 영의정으로, 이시수를 좌의정으로, 서용보를 우의정으로, 좌부승지 김조순을 총융사로 삼다.
7.10 김조순을 장용영 대장으로 삼고 특별히 입직하도록 하다.
7.14 수렴청정에 대한 비답을 수정하다.
7.20 대행대왕의 의리를 고수할 거라며 불령한 무리를 경계하다.
8. 1 행 호군 김조순이 사직소를 올렸으나 들어주지 않다.
8. 2 김조순을 특지로 병조 판서에 제수하다. 박준원을 장용영 대장으로 삼다.
8. 7 문안의 차서를 대왕대비(정순왕후), 왕대비(효의왕후), 혜경궁(헌경왕후), 가순궁(수빈 박씨)의 순서로 정하다.
9.23 장시경의 역모 사건이 보고되다.
11. 8 장령 이안묵이 상소해 서유린 형제를 공격하다.
12.18 대왕대비가 장문의 언문 하교를 내려 오회연교를 해석하고 의리를 간범한 자들의 자수를 촉구하다.
12.25 대왕대비가 정조 24년 5월에 이조 판서 이만수를 공격했다가 정조의 비판을 받은 김이재의 상소를 사주한 김이익이 자수하지 않는다며 절도 안치를 명하다. 또한 전 유수 서유린을 극변에 안치하고, 자명, 자수하는 이가 없는데도 조용히 있다며 대간을 힐난하다.
12.26 양사에서 김이익, 서유린, 김이재를 탄핵하다.
12.27 양사에서 홍낙임을 탄핵하다.
12.29 대신들이 홍낙임에 대해 결단을 촉구하다. 대왕대비가 김이재, 신기, 김이교, 서유문 등을 찬배하다. 심환지 등 대신들이 김귀주의 제사를 지내주고 충심을 포창해 위로할 것을 청하다.

1801 순조 1년

1. 1 대왕대비가 홍국영의 관작 추탈을 명하다.
1. 6 심환지가 지난해에 있었던 김치묵의 소는 흉소라고 공격하고 김귀주의 추증을 청하니 이조 판서에 추증하다. 장령 이안묵이 홍낙임을 탄핵하다.
1.10 대왕대비가 감사와 수령들에게 사학의 엄금을 명하고 오가작통법의 시행을 촉구하다. 또한 탐람하는 풍속은 사대부의 염치가 사라졌기 때문이라며 엄벌을 명하다.
1.12 부수찬 이상겸이 박종악, 김치묵 등을 탄핵하다.
1.16 관학 유생 564인이 홍낙임을 탄핵하다. 전 장령 이안묵이 임자년(정조 16) 전례 의논의 배후는 홍낙임이라며 탄핵하고 김한기의 유소에 대해 아뢰니 김한기의 유소를 들이라 명하다. 이에 과거 김귀주에게 보내는 왕대비의 서찰이 지방관들에 의해 능욕된 일 등을 담은 김한기의 유소가 공개되다.
1.19 김한기의 유소에 거론된 당시 지방관 이재학, 오재문, 이원배를 절도 정배하다.
1.28 내노비, 시노비의 혁파를 명하다.
2. 5 삼사에서 과거 내의원의 왕대비 문안 철폐를 주도한 상신 서명선의 처벌을 청하다.
2. 9 삼사에서 채제공을 탄핵하다. 대왕대비가 사학죄인들을 나국하라 명하다.
2.14 국문장에서 사학죄인들이 시종 당당한 모습을 보이다.
2.18 경상 유생 490인이 채홍원, 채제공을 탄핵하다.
2.23 심환지, 서용보가 채제공에 대해 공의를 따를 것을 청하다.
2.25 정약종이 기록한 글과 가지고 있던 문서로 인해서 정약전과 정약용이 혐의를 벗다.
2.26 이승훈, 정약종 등 사학 관련자들을 대거 정법하고 정약용, 정약전 등은 유배하다. 황사영은 도주하다.
3.13 교리 윤우열이 홍낙임, 정민시, 이명식을 탄핵하다.
3.15 주문모가 자수했다는 보고가 있다.
3.16 주문모의 공초에 따라 이인의 처 송씨와 이담의 처 신씨도 서학을 신봉했음이 드러나자 사사를 명하다.
3.19 대왕대비가 사학죄인들을 섬으로 유배를 보낼 경우 서로 교통하고 외국과 통교할 수 있다며 각 고을의 읍옥에 한 명씩 가두라 명하다.
3.27 김상헌의 봉사손 김건순도 서학 신봉자로 드러나다.
4.17 장진 부사 이여절이 고문으로 가짜 황사영을 만들어내다.
4.20 주문모, 김건순 등의 사학죄인들을 정법하다.
4.23 충청도의 사학죄인들을 정법하다.
4.25 이병모 이하 대신들이 이인, 홍낙임의 처분을 청하다.
5.10 헌납 송문술이 김이재의 형 김이교의 석방을 청하다.
5.11 송문술의 절도 정배를 명하다.
5.14 지평 이윤행이 송문술의 소는 윤행임의 사주에 의한 것이라 상소하다. 이에 윤행임을 섬으로 유배를 보내다.
5.18 김관주를 병조 판서로 삼다.
5.25 삼사가 홍국영, 서명선, 정민시에 대한 추죄를 청하다.
5.28 강화 유수가 이인과 그의 아들 철득이 어둠을 틈타 가시울타리 사이로 빠져나가다 붙잡혔다고 보고하다.

5.29 홍낙임을 사사하다.
6.23 김치묵의 관작을 삭탈하다.
6.28 김조순을 이조 판서로, 김관주를 예조 판서로 삼다.
7. 4 김조순이 전직(이조 판서)과 장임을 면해달라고 상소하다.
7. 5 차대에서 심환지 이하 대신들이 이인, 홍낙임의 아들들과 정민시, 윤행임의 처리를 청하다.
7.22 정민시를 추탈하다.
7.28 《화성성역의궤》 간행을 명하다.
8.11 이여절의 죄상을 밝히고 백성을 위무하는 하교를 내리다.
9. 2 김조순이 본직과 겸직의 해면을 거듭 청하니 총사만 해면을 허락하다.
9.10 윤행임의 추천으로 벼슬한 윤가기 등이 동남성문에 투서한 일로 윤행임의 사사를 명하다.
9.18 《화성성역의궤》를 반포하다.
10. 3 황사영이 체포돼 압송 중이라고 포도청에서 보고하다.
10. 5 좌포도대장 임율이 황사영의 흉서를 바치다.
10.13 집의 홍희운이 황사영의 흉서와 관련해 유배 중인 정약용 등의 국문을 청하다.
11. 5 황사영 등을 정법하고 정약용, 이치훈 등은 다시 유배하다.
11.10 이조 판서 김조순이 사직을 청하니 허락하다.
11.11 김관주를 이조 판서에 제수하다.
12. 3 대왕대비가 서명선의 공을 기리고 서명선을 탄핵하는 대간을 비판하다.
12.11 규장각에서 정조의 어제 184편을 책으로 만들어 바치니 상을 내리다.
12.15 양사에서 채제공의 추탈을 청하다.
12.18 채제공에 대한 청을 받아들이다.

1802 순조 2년

1. 4 채홍원을 온성부에 정배하다.
1.20 심환지의 청을 빌려 장용영을 철폐하다.
1.28 장용영이 폐지되자 무예별감으로 하여 대궐 안 숙위를 담당케 하다.
2. 7 장용영 혁파와 관련한 세부 항목을 기록하다.
3.11 경흥부에 천극된 서유린이 물고되다.
5.18 김조순을 홍문관, 예문관, 교서관의 대제학에 제수하다.
6. 4 김조순이 네 번에 걸쳐 사직소를 내니 허락하다.
7. 6 대왕대비가 암행어사들이 현달한 겨족은 적발하지 않는다며 경계하고 장오죄에 대해 엄히 경계하다.
8.10 대왕대비가 대신과 예조 당상을 소견하고 삼간택, 친영 모두 하루가 급하다는 뜻을 보이다.
9. 6 삼간택을 행하고 김조순을 돈령부 영사로 삼다.
10.11 네 유현(우찬성 송환기, 대사헌 이직보, 장령 송치규, 김일주)에게 올라오라고 타이르다. 김조순을 훈련도감 대장으로 삼다.
10.18 심환지가 졸하다.
10.27 이시수를 영의정으로, 서용보를 좌의정으로, 김관주를 우의정으로 삼다.

1803 순조 3년

2.14 대왕대비가 각도의 경시관과 도사를 불러 과거의 폐단에 대해 하교하고 단단히 경계시키다.
2.20 조덕린의 관작을 추탈하다.
3.20 이병모를 영의정으로 삼다.
3.26 사헌부 지평 김후가 막대한 부를 쌓고 정후겸과 홍국영에게 빌붙었다는 등의 이유로 이병모를 탄핵하자 김후를 섬으로 유배하다.

4.12 영의정 이병모가 결백을 주장하는 소를 올리다.
7. 6 영의정 이병모에게 돈독히 유시를 내렸으나 지평현의 옥사에 달려가 대죄한다는 뜻을 올리자 대왕대비가 해직을 허락하고 중추부 영사로 삼다.
10.15 전 선혜청 당상 김조순이 장용영을 혁파한 후 문서에 실리지 않은 전곡에 대해 아뢰자 호조로 이송하라 이르다.
12.13 인정전이 불에 타다.
12.28 대왕대비가 수렴청정을 거두다.

1804 순조 4년

5.20 대사간 박유수가 권유의 소를 들어 국문해 죄를 줄 것을 청하니 따르다.
5.26 의금부에서 권유를 추국하고 관련인 이안묵과 정재민을 정법하다.
6. 6 권유가 물고되다.
6.23 대왕대비가 다시 수렴하여 근래 대간의 상소 등을 문제 삼자 이시수가 수렴에 대해 강력히 저지하다.
6.24 대왕대비가 언문 하교를 내려 당시의 일을 해명하고 대간의 비판이 자신을 겨누고 있음에 대해 분개하다.
7.13 서매수를 좌의정으로, 이경일을 우의정으로 삼다.
8. 8 권유의 소와 관련해 이안묵을 추국하고 정법하다.
8.13 권유의 소와 관련해 정재민을 추국하고 정법하다.
12.17 인정전을 다시 짓다.

1805 순조 5년

1.12 대왕대비가 승하하다.
3.22 김이교, 박제가, 채홍원 등을 방면하다.
7.26 김이익, 김이재, 조진정 등을 방면하고 이재학, 이조원, 심이지 등의 관작을 회복하다.

8. 2 《정조실록》 인출 사업이 끝나 네 사고와
춘추관에 보관하다.
10.15 이병모를 영의정, 이경일을 좌의정에,
김재찬을 우의정에 임명하다.
12. 6 거듭 사직하는 이병모를 삭직하고
김재찬은 중도부처, 이경일은 체직하다.
12. 7 서매수를 영의정에, 한용귀를 좌의정에,
김달순을 우의정에 임명하다.
12.27 우의정 김달순이 경모궁(사도세자)을
비판했던 박치원, 윤재겸을 추증해 간언을
용납하는 덕을 드러낼 것을 청하다.

1806 순조 6년

1. 6 김달순의 발언에 대해 문제를
제기하다.(그러나 입시한 서매수, 한용귀,
대간들 모두 김달순의 의견에 동조하다.)
1.15 형조 참판 조득영이 김달순의 말과 소를
조목조목 비판하자 왕이 감동하다.
1.18 정언 임업이 김달순의 죄를 논하고
그날 입시했던 대간의 정배를 청하니
따르다.
1.19 삼사가 합계하여 김달순의 관직 삭탈과
문외 출송을 청하니 따르다.(이후 중도 부처,
극변 찬배, 절도 안치로 이어지다.)
2. 1 특지로 이병모를 영의정에 제수하고
조득영을 병조 판서로 삼다.
2. 6 좌의정 한용귀가 김달순, 서형수 등의
죄를 청하니 서형수를 정배하다.
2.15 모든 논단에 남보다 뒤질세라
과격해지는 습속을 지적하다.
2.18 삼사의 합계에 따라 김달순의 집 둘레에
가시나무를 둘러서 왕래를 막는 형벌을
더하다.
2.30 양사에서 김달순의 배후로 심환지를
지목하고 처분을 청하다.
4. 3 심환지의 관작을 추탈하고 김관주를
삭직하다.

4. 7 대신들의 거듭된 청에 김달순의 사사를
명하다.
4.20 서매수를 삭출하고 서형수를 절도에
안치하다.
5.13 도승지 김이영이 소를 올려 김한록의
8자흉언을 거론하다.
5.17 김한록의 아들 김일주를 흑산도에
안치하다.
6. 2 이재학, 이조원, 김이익, 김이재 등의
죄명을 씻어주다.
6.25 삼사의 합계에 따라 김귀주의 관작을
추탈하다.
7. 1 효안전(예순대비의 사당)을 찾아 김귀주,
김관주, 심환지 등을 처리한 일을 고하다.

1807 순조 7년

1.27 신하들의 반대를 물리치고 홍낙임의
죄를 씻어주다.
2. 7 박준원이 졸하다.
7.12 김종수에게 들었다며 김귀주는 의리의
주인이라 주장하고 김달순도 역적이
아니라고 주장한 이경신을 국문하고
정법하다.
8. 8 대신들이 김종수의 추탈, 출향을 거듭
요구하니 허락하다.

1808 순조 8년

3.30 북청, 단천의 백성이 수령을 쫓아내고
좌수를 불로 지지다.
4. 6 좌의정 이시수가 병을 들어 10여 차례
면직을 청하자 허락하다.
윤 5. 5 김재찬을 좌의정에, 김사목을
우의정에 제수하다.
8. 6 전라좌도 암행어사 이면승이 서계를
올려 환곡 등의 일을 아뢰자 불러 보다.
9.27 대사간 이심도가 홍세주의
부직(付職)을 거두어 달라는 상소에서

시파와 벽파에 대해 거론하다.
11. 4 상소해 시파와 벽파에 대해 논한
이심도를 양비론을 빌려 김귀주 측을
옹호했다고 국문한 뒤 정형하다.
11.29 홍봉한의 집에 승지를 보내 치제하다.

1809 순조 9년

1.17 돈령부 동지사 홍낙윤이 홍인한의
신원을 청하는 소를 올리다.
4.13 김조순의 거듭된 체직 청에 훈련도감
대장직을 체직하다.
8. 9 창덕궁 대조전에서 원자가 탄생하다.
9.25 증광감시 초시를 설행하는 중에 서울
제2소에서 난동이 일어 2만 6,000여 명의
참가자 중에 시권을 7,000장밖에 받지
못하다.
9.28 과거를 보는 곳에 시중드는 사람을
데려오지 못하는 금칙이 지켜지지 않는 것
등에 대해 말하고 엄히 경계하다.

1810 순조 10년

2.16 채홍원이 아비의 신원을 청하는 소를
올리다.
5. 9 진휼이 끝났다고 방심하지 말고, 보리가
익었다고 걱정을 늦추지 말라고 하교하다.
9.21 정약용의 아들 정학연이 격쟁해 아비의
신원을 청하자 향리로 추방하라고 명하다.

1811 순조 11년

윤 3. 6 예문관의 화재로 열조실록 72궤 중
66궤가 불타다.
윤 3.13 대신과 이조 판서, 돈령부 영사가
상의해 원자의 유선과 요속을 추천해 들이라
하명하자 김조순이 자신은 추천 자격이
없다며 빼달라고 상소하다.
윤 3.16 곡산부의 백성이 곡산 부사 박종신의
병부와 인신을 빼앗자 130여 명을 체포하여

그중 40명을 주민들 앞에서 참하고 박종신은
원방 유배하다.
7.23 김조순을 금위영 대장에 제수했으나
끝내 사양하자 받아들이다.
8. 8 잠을 못 이루고 수라를 잘 못 드는
상황이 계속되다.
10. 5 좌의정 김재찬이 탐관오리는 국가와
백성의 원수라 아뢰다.
12.20 평안도 병마절도사 이해우가 반란군이
가산을 점령했다고 보고하다.(홍경래의 난
발발)
12.23 평안도 관찰사가 정주, 선천, 곽산,
가산, 박천 다섯 고을의 부신을 잃어버렸다고
보고하다.
12.27 8도 백성에게 윤음을 내리다.

1812 순조 12년

1. 1 지난 12월 29일에 승전했다고 평안 도
병마절도사가 보고하다.
1.10 가산 군수 정시의 의연한 죽음에 대한
보고가 있다.
1.19 양사의 청에 따라 전 평안도 관찰사
이만수를 경주부에, 전 평안도 병마절도사
이해우를 창성군에 정배하다. 지난 1월
13일에 곽산을 수복하고 용천과 양책참, 용골
등지에서 적을 물리쳤다는 보고가 있다.
1.21 평안도 관찰사 정만석이 1월 19일에
6로의 군사로 나누어 정주성을 공격했으나
실패했다고 보고하다.
1.22 관서의 방백과 장수들에게 주륙보다
타이름을 우선하라고 하교하다.
2. 4 관서지방의 환곡, 군포 등을 경감해주다.
2. 7 정주성을 네 부문에서 공격했으나
실패하다.
2.21 상계군 이담 행세를 한 천오장과
서울에서 정보활동을 하고 패서를 건
유한순을 효수하다.

2.19, 2.23 정주성의 반란군이 문을 열고
나와 전투를 벌이다.
3. 4 이날부터 양사, 대신들이 수십 차례에
걸쳐 이인의 아들들을 처리할 것을
요구했으나 끝내 들어주지 않다.
3. 8 정주성의 반란군이 야습을 감행해 아군
70여 명이 죽다.
3.20, 3.22 반란군이 성에서 나와 전투를
벌이다. 3월 22일 전투에서 반란군이 타격을
입다.
3.26 평안도 관찰사가 반란군이 오래 버티기
어려울 것이라 보고하다.
4.21 정주성이 함락되고 반군이 무너지다.
전투 관련 제반 보고가 있다.
4.27 홍경래의 목과 홍총각 등을 압송하고,
생포한 남녀 2,983명 중 여자와 10세 이하를
뺀 1,917명을 효수하다.
5. 5 우군칙 등을 복주하다. 이만수와
이해우를 방면하다.
7. 6 인정전에 나아가서 왕세자를 책봉하다.
8.20 토벌에 공을 세우고 전사한 의병장
허항을 위해 복수하고 따라 죽은 그의 아내를
정려하다.
10.30 김한록의 증손자로 일곱 살 난
김성길이 격쟁으로 상언하다.
11. 8, 11. 9 김이교, 김희순이 김성길의
상언에 대해 반박소를 올리다.

1813 순조 13년

4. 5 영의정 김재찬이 차대에서 왕세자의
교육과 다섯 개 진의 혁파와 관련해 아뢰다.
5.27 황주에 우박이 내렸는데 큰 것은 주발만
하고, 작은 것은 계란만 했으며, 쌓인 것이 넉
자 반이나 되었다.
8.18 홍경래의 난 때 백성의 재산을 약탈하고,
용골성 수복도 적이 도망간 뒤 들어갔으면서
전투해 물리친 것으로 보고했던 초산 부사

최신엽을 정배하다.
12. 3 양제해가 반역을 꾀하다 적발되었다고
제주 목사가 보고하다.

1814 순조 14년

3.22 규장각에서 《홍재전서》 100책과
《경모궁예제》 3책을 각 30권씩 인쇄해
올리다.
4. 8 부호군 홍시제가 상소해 채제공의
신원을 청하다.
7.16 채제공의 손자 채주영이 격쟁해
상언하다.
7.20 김성길이 2차 격쟁으로 상언하다.
11.23 다리의 종기 고름이 터지다.

1815 순조 15년

2.20 한재 피해가 큰 원인은 이앙법
때문이라고 영의정 김재찬이 아뢰다.
2.26 호남의 대동목 중에 절반은 돈으로
내라고 명하다.
6.18 경상도 관찰사 이존수가 사학이 다시
번지고 있다며 조사를 청하다.
7. 7 성균관 유생들이 권당하면서 양학의
남은 무리가 영남 산속에 스며든 것은 전
유수 이익운 때문이라고 아뢰자 이익운이
상소해 변론하다.
12.15 혜경궁이 경춘전에서 승하하다.

1816 순조 16년

3. 5 김성길이 3차 격쟁으로 상언하다.
4.30 해주에서 공금을 대거 횡령한 하리들을
효수하다.
7.19 충청도 수군절도사가 장계를 올려 영국
배 두 척에 대해 보고하다.
8.27 김성길이 4차 격쟁으로 상언하다.

1817 순조 17년

3.16 홍경래가 살아 있다는 등의 유언비어를 퍼뜨리며 변란을 도모한 채수영, 안유겸 등을 적발하여 다스리다.
4.17 김조순이 규장각 검교의 자리에서 해면해달라고 청하다.
7.25 남공철을 우의정에 제수하다.
7.26 중추부 판사 김재찬을 좌의정에 제수하다.
10.1 선혜청 당상 이존수의 청에 따라 대동미를 미납한 호서와 호남의 32개 고을 수령들을 잡아다 죄주라 명하다.
11.26 대신을 불러보다. 중추부 영사 이시수가 근래 신하를 접견하는 때가 드물며 자주 인접의 명을 내릴 것을 청하다.
11.30 이인의 아들들을 다른 곳으로 옮겨 지키게 한 데 대해 신하들이 뒤늦게 알고 이의를 제기하다.

1818 순조 18년

3.30 개성 유수 조종영이 고려 왕릉으로 생각되는 무덤을 조사한 사실을 아뢰다.
5.29 비변사에서 과거의 폐단을 제거하는 방안을 다룬 절목을 올리다.
6.5 홍경래의 난 때 도망했다가 돌아와 낯선 이를 닥치는 대로 역도로 몰아 목 베어 죽이고 장살한 태천 현감 유정양을 장흥에 유배하다.
9.20 영남 유생 1,000여 명이 연명으로 채제공을 변론하는 소를 올리다.

1819 순조 19년

1.25 서용보를 영의정에, 김사목을 좌의정에 임명하다.
3.28 어영청 화약고가 불타 건물 100간, 화약 9만 3,000여 근, 연환 61만여 개를 태우고 20명이 죽다.

8.11 왕세자빈을 간택하여 조만영의 딸로 정하다.
8.17 호군 이지연이 양전 실시를 주장하다.(호남의 흉년 등으로 흐지부지되다.)

1820 순조 20년

2.23 중전이 대군을 순산하다.
3.27 경상도 관찰사 김이재가 양전사목을 아뢰다.
4.21 창덕궁으로 돌아오다.
5.26 새로 태어난 대군이 졸서하다.
7.28 수원부 유수 이만수가 졸하다.
8.2 전라도 관찰사 이서구가 거듭된 흉년으로 흩어진 백성이 많고 경작되지 못하는 땅이 많다며 양전을 실시할 형편이 아니라고 아뢰다.
8.20 선혜청 하리들이 훔친 것이 무려 50만 냥으로 드러나 관련자들을 효수하다.

1821 순조 21년

1.20 조만영을 금위영 대장으로 삼다.
3.9 왕대비(효의왕후)가 승하하다.
3.22 김조순이 건릉의 천장 문제를 제기하다.
8.20 중추부 영사 이시수가 졸하다.
9.13 천장한 자리에 왕대비를 합장하다.
11.19 김재찬을 영의정에 제수하다.

1822 순조 22년

2.28 이인의 자녀들 집의 가시울타리와 감시를 철거하고 비용을 제공해 혼인할 수 있도록 하라고 명하다.
10.15 차대에서 영의정 김재찬이 교령, 동정, 학문, 다스림, 통솔이 성실치 못하다고 지적하다. 호조에서 근래 22년간 640만 냥이 적자일 정도로 재정 상황이 심각하다고 보고하다.

12.26 생모인 가순궁이 서거하다.
12.29 홍문관이 빈궁을 환경전으로 정한 것이 예에 맞지 않다고 상소하자 귀양을 명하다.

1823 순조 23년

1.8 신하들의 반대를 무릅쓰고 혼궁을 도총부로 정하다.
2.23 남공철을 영의정에 제수하다.
4.4 호군 홍시제가 채제공의 신원을 청하다.
4.7 영의정 남공철도 동의하자 채제공의 관작을 회복해주다.
7.25 서얼 유생 9,996명이 상소해서 등용을 약속한 선왕의 뜻을 이어줄 것을 청하다.
8.5 김일주가 물고되다.
11.12 비변사에서 서얼의 벼슬길 관련 절목을 마련해 아뢰다.

1824 순조 24년

3.4 조득영이 졸하다.
3.19 황단에 나아가 전배하다.
6.9 안변 장교 김광재의 집에 호랑이가 들어와 물어가려 하자 60넘은 아내가 대신 물어가라며 남편 몸을 붙들고 맞서니 아내를 대신 물어가다.
8.21 중추부 영사 서용보가 졸하다.
9.7 돈령부 영사 김조순이 관서에서 휴가를 마치고 돌아오니 불러 만나보다.
9.22 특지로 이상황을 좌의정에, 이서구를 우의정에 제수하다.
12.27 지난밤 남산에서 불을 낸 이를 붙잡고 보니 황주에 사는 이인백으로, 품속에서 임금을 욕하는 등의 흉서가 나와 부대시참에 처하다.

1825 순조 25년

1.3 동지정사 권상신이 요야의 고교본에서

졸하다.
2.13 휘경원의 참봉 벼슬을 높여 영(令)으로 할 것을 영원한 정식으로 삼으라 이르다.
5.10 왕세자와 함께 황단에 나아가 망배례를 행하다.
7. 3 선혜청에 불이 나다.
7.14 사헌부 집의 김선이 상소해 술에 취해 송시열을 욕보인 오언의의 처벌을 청하자 오언의를 종성부에 정배하다.
7.25 사헌부 지평 오갑량의 상소를 받아들여 서북의 도과(道科)를 특명으로 시행하라 명하다.
7.26 제주에도 시험을 실시해 인재를 뽑으라고 명하다.
8.18 김조순의 회갑에 술을 내리고, 아들 김좌근에게 6품직을 내리다.

1826 순조 26년

1. 2 조만영을 이조 판서로 삼다.
4.11 청주 북성문에 흉서가 걸리다.
5. 3 홍경래 등이 죽지 않았다는 말을 하고 다니고, 흉서를 내건 김치규 등을 정법하다.
10.15 청주에서 다시 괘서 사건이 일어나다.
10.27 괘서 사건의 주모자들을 정법하다.

1827 순조 27년

2. 9 왕세자(효명세자)에게 서무를 대리하라고 명하다.
2.18 왕세자의 대리청정이 시작되다.
4.23 중추부 영사 김재찬이 졸하다.
5.19 김유근을 병조 판서로 삼다.
윤 5.25 조만영을 훈련도감 대장으로 삼다.
6.25 서자의 벼슬길을 터주었는데 아직도 실효가 없다며 이번 대정 때부터 추천해 들이라고 명하다.
7.18 원손이 태어나다.
8. 4 서유규가 이조원 부자의 무고를
고발하고 아비 서만수의 무죄를 주장하다.
8.18 이조원과 김기서를 절도에 안치하다.
11.12 이조 판서 조만영의 사직을 들어주고 박종훈을 이조 판서에 제수하다.

1828 순조 28년

1. 1 왕세자가 모든 지방관에게 백성을 잘 돌볼 것을 하령하다.
2.11 우의정 이존수가 스무 번이나 사직을 청하니 왕세자가 허락하다.
4.16 중추부 영사 한용귀가 졸하다.
4.22 왕세자가 춘당대에서 문과와 무과의 전시를 행하다.
8. 3 부수찬 오치우가 상서해 서연을 자주 열지 않고, 열더라도 질문이 없으며, 간쟁을 받아들이려 하지 않는다고 비판하다.
10.19 왕세자가 외조모인 청양부부인의 빈소에 조문하다.
11.21 왕세자가 내년 정월 초하루에 즉위 30년을 기념하는 예를 거행하도록 허락해 줄 것을 청하는 소를 올리다.
11.26 왕세자가 춘당대에서 황감제(黃柑製)를 열고 수석을 차지한 조휘림을 직부전시하다.
12.25 공충도 관찰사 박회수가 공주목의 괘서 사건을 보고했는데, 분쟁으로 인한 모함으로 드러나다.

1829 순조 29년

2.24 조종영을 이조 판서로 삼다.
7. 7 김로를 이조 판서로 삼다.
7.20 부호군 심영석이 호조 판서 김교근과 그 아들 김병조를 탄핵하자 멀리 유배하다.
7.21 양사에서 심영석을 변호하고 김교근 부자를 논박하니 모두 체차하다.
10. 3 화재로 경희궁이 거의 절반이나 불에 타다.

10.19 새로 급제한 김흥근을 부교리에 제수하다.
11. 9 엽기 사건의 수적 김수온 등을 정법하다.
11.28 오회연교를 잘 음미하여 널리 드러낼 방도를 생각하라고 상서한 신의학을 대역부도로 정법하다.

1830 순조 30년

4. 9 음악의 문제점을 지적하고, 옛 음악을 익히도록 하라고 하령하다.
윤 4.22 왕세자가 각혈하다.
5. 6 왕세자가 희정당에서 훙서하다.
7.12 왕이 친히 재문을 짓다.
8. 1 환경전에서 불이 나 함인정, 경춘전 등을 태우다.
8.27 부사과 김우명이 소를 올려 김노경의 죄를 논하다.
8.28 부사과 윤상도가 박종훈, 신위, 유상량 등의 처벌을 청하자 윤상도를 추자도에 정배하다.
9.15 인정전에서 왕세손 책봉식을 가지다.
10. 2 김노경을 절도에 위리안치하다.
11.25 김노경과 윤상도에게 천극을 더하고, 더는 거론하지 말라고 명하다.

1831 순조 31년

1.19 김이교를 우의정으로 삼다.
2. 4 향시의 폐단이 심하다며 이번에 여러 도에 파견하는 경시관과 도사에게 엄중한 관리를 명하다.
5.16 영의정 남공철이 세 번 상소해 병을 말하고 면직을 청하니 허락하다.
8.24 김유근을 병조 판서로 삼다.

1832 순조 32년

2.26 전 승지 김정희가 격쟁해 아비 김노경을

변론하다.
3. 2 흑산도의 천극 죄인 이조원이 물고되다.
4. 3 김조순이 졸하다.
5.12 복온공주가 졸하다.
6.13 명온공주가 졸하다.
7.21 홍충도 관찰사가 고대도에 정박한 영국 배와 그 배의 선원과 대화한 내용, 그들의 주장 등에 대해 보고하다.
윤 9.22 전 우의정 심상규의 죄명을 씻어주고 다시 등용시킬 것을 명하다.

1833 순조 33년

3. 8 도성 안 백성이 가겟집을 부수고 불을 지르다.
3.11 백성 7인을 효수하다.
4.10 민심을 달래기 위해 동막의 여객주인 김재순과 싸전 상인 정종근의 사형을 허락하다.
5.16 이상황을 영의정으로, 심상규를 좌의정으로 삼다.
6. 1 전 대호군 김교근과 전 호군 김병조에게 직첩을 돌려주다.
6. 2 평안도 관찰사 심능악이 재조사를 통해 서만수의 무죄를 밝히다.
9. 9 관학 유생들이 김조순의 사당을 세울 것을 청하다.
9.13 김노경의 석방을 명하다.
10. 9 사간이 37고을 중에서 20고을에 출두한 경기 암행어사 이시원의 행태와 폐단을 밝히다.

1834 순조 34년

1.22 과거의 폐단에 대해 말하며 단단히 경계하다.
2.16 시관의 추천에 엄정을 기하라고 명하다.
7. 9 심상규를 영의정에, 홍석주를 좌의정에, 박종훈을 우의정에 제수하다.

10.28 두통, 대소변 불순이 계속되다.
11. 8 다리가 불편하다.
11.12 맥후가 크게 부족하다.
11.13 경희궁 회상전에서 승하하다.

조선과 세계

조선사

1800	순조 즉위
1801	신유박해
1802	장용영 폐지
1803	인정전 화재
1804	인정전 중수
1805	《정조실록》 완성
1806	김귀주, 심환지, 김관주 탄핵
1807	제주도에 유구국 사람 표류
1808	함경남도 북청·단천에서 폭동
1809	원자 출생
1810	정약용의 아들이 아비의 신원을 청함
1811	홍경래의 난
1812	홍경래 전사
1813	제주도에서 양제해의 모반
1814	규장각에서 《홍재전서》 간행
1815	을해박해
1816	충청도에서 영국 배 두 척에 대해 보고
1817	순조, 화성에 행차
1818	정약용, 《목민심서》 저술
1819	어영청 화약고 화재
1820	이하응(흥선대원군) 출생
1821	효의왕후 사망
1822	관동지방 흉년
1823	유생들이 서얼의 임용을 청함
1824	《번암집》 간행
1825	선혜청 화재
1826	청주에서 괘서 사건 발생
1827	왕세자의 대리청정 시작
1828	훈련도감과 선혜청에서 화폐 주조
1829	경희궁 화재
1830	왕세자 사망, 왕세손 책봉
1831	경희궁 중건
1832	영국 상선, 충청도에서 통상 요구
1833	상인들의 농간에 분노한 한성 백성의 폭동
1834	순조 사망

세계사

프랑스, 나폴레옹, 오스트리아군 격파
러시아, 알렉산드르 1세 즉위
베트남, 응우옌 왕조 성립
인도, 제2차 마라타 전쟁 발발
프랑스, 제1제정 성립
프랑스, 나폴레옹, 유럽 정복 전쟁 시작
신성로마제국 멸망
영국, 데이비, 전기분해로 나트륨 발견
독일, 괴테, 《파우스트》 1부 발표
라틴아메리카 각국에서 독립운동 발발
프랑스, 나폴레옹, 마리 루이즈와 결혼
영국, 러다이트 운동
나폴레옹 러시아 원정 실패
청, 아편 판매 금지
유럽 빈 회의 개최
프랑스, 나폴레옹, 백일천하
아르헨티나, 에스파냐로부터 독립
영국, 전 인도 지배
독일, 마르크스 출생
영국, 싱가포르에 자유 무역항 설치
멕시코, 독립운동 전개
나폴레옹 사망
브라질, 포르투갈로부터 독립
미국, 먼로 대통령, 먼로주의 제창
네덜란드, 인도네시아 지배
영국, 최초의 철도 개통
독일, 옴, 옴의 법칙 발표
알제리, 프랑스의 침공을 받음
우루과이 독립
그리스 독립
프랑스, 7월혁명
이탈리아, 마치니, 청년이탈리아당 결성
러시아, 폴란드 병합
영국, 옥스퍼드 운동
청, 영국 선박의 아편 밀매 금지

The Veritable Records of the Joseon Dynasty

In the Joseon Dynasty, there were always officials who followed and monitored the king. They slept in the room adjacent to where the king slept, and they attended every meeting the king held. The king could not go hunting or meet a person secretly without these officials being present.

These officials were called 'Sagwan,' and they observed and recorded all details of daily events involving the king in turns, things that the king said, and things that happened to him. The drafts created by them were called 'Sacho.' Even the king himself was not allowed to read those drafts, and the compilation process only began after the king's death.

When the king passed away, the highest ranking governmental official would be appointed as the chief historical compiler. A research team would collect all the drafts and relevant supporting materials, select important records with historical significance, and organize them in a chronological order. The finished product was usually called 'Sillok,' which means veritable records.

The Veritable Records of the Joseon Dynasty features a most magnificent scale, as it is a record of all the events that occurred over 472 years, from the reign of King Taejo to the reign of the 25th King Cheoljong (1392~1863). It consists of 1,893 volumes and 888 books (total of 64 million Chinese characters). It was registered as a World Cultural Heritage in Records, by UNESCO in 1997.

Source: A Korean History for International Readers, Humanist, 2010.

Summary

The Veritable Records of King Sunjo

A Clan Takes Over a Faction

Sunjo, the second son of Jeongjo, ascended to the throne at the age of 11. Naturally, Queen Dowager Jeongsun acted as Regent, conducting state affairs on his behalf from behind the bamboo curtain. Jeongsun, who was the Queen of Yeongjo, was involved extensively with the affairs of the court. During her regency, she behaved more like a monarch who had waited a long time to take the throne, than as a guardian of the young king. Once in power, Queen Dowager Jeongsun countered some of Jeongjo's policies, but she also succeeded in pushing some through the courts, such as undoing the official slave system and improve public welfare.

The year Sunjo turned 15 marked the end of the Queen's regency, and the beginning of Sunjo's sovereignty. The young king had the political skills and determination to align himself with the Party of Expediency and against the Party of Principle. However, he lacked his own political philosophy to address the needs of the time. Because he did not have clear political goals, even after seizing power through the Party of Expediency, Sunjo was unable to reverse any of the policies advanced by Queen Dowager Jeongsun or the Party of Principles.

Taking advantage of the king's weakness, the Andong Kim clan seized power, signaling the return of in-law politics. Corruption reached new heights, and the people were exploited terribly, which set off uprisings and rebellions of various sizes throughout Joseon.

세계기록유산, 《조선왕조실록》

《조선왕조실록》이란?

《조선왕조실록》은 국보 제151호이자 유네스코 세계기록유산(1997년 지정)으로 조선 건국에서부터 철종까지 472년간을 편년체로 서술한 역사 기록물이다. 총 1,893권, 888책이며, 한글로 번역할 경우 300여 쪽의 단행본 400권을 훌쩍 넘는 분량이다. 철종 이후의 기록인 《고종실록》과 《순종실록》도 있으나 이것은 일본의 지배하에 편찬된 터라 통상 《조선왕조실록》으로 분류하지 않는다. 《단종실록》, 《연산군일기》, 《선조실록》, 《철종실록》처럼 기록이 부실한 경우도 있는데 정변이나 전쟁, 세도정치라는 시대 상황이 낳은 결과이다. 또한 《선조수정실록》, 《현종개수실록》, 《숙종실록보궐정오》, 《경종수정실록》처럼 뒷날에 집권한 당파의 요구에 의해 새로 편찬된 경우도 있다. 하지만 원본인 《선조실록》, 《현종실록》, 《숙종실록》, 《경종실록》을 폐기하지 않고 함께 보존함으로써 당대를 더욱 정확히 알게 해준다. 이렇듯 《조선왕조실록》은 그 기록의 풍부함과 엄정함에 더해 놀라운 기록 보존 정신까지 보여주는 우리 선조들의 위대한 유산이다.

《조선왕조실록》은 어떻게 기록되었나?

조선은 왕이 사관이 없는 자리에서 관리를 만나는 것을 엄격히 금지했다. 또한 왕은 원칙적으로 사관의 기록(사초)을 볼 수 없었다. 신하들도 마찬가지여서 실록청 담당관을 제외하고는 누구도 볼 수 없었다. 그래서 사관들은 왕이나 권력자의 눈치를 보지 않고 보고 들은 일들을 있는 그대로 기록할 수 있었다. 왕이 죽으면 실록청이 만들어지고 모든 사관의 사초가 제출된다. 여기에 여타 관청의 기록까지 참조하여 실록이 편찬된다. 해당 실록이 완성되고 나면 사초는 모두 물에 씻겨졌다(세초). 이렇게 만들어진 실록은 여러 곳의 사고에 나누어 보관되는데, 이 또한 후대 왕은 물론 신하들도 열람할 수 없도록 했다. 선대의 왕들에 대한 기록이나 평가로 인해 필화 사건이 생기지 않도록 한 것이다. 이 같은 원칙들이 철저히 지켜졌기에 《조선왕조실록》이 오늘날까지 존재할 수 있었다.

도움을 받은 책들

《국역 조선왕조실록 CD-ROM》, 서울시스템주식회사, 1995.
강순제 외, 《역사인물 초상화 대사전》, 현암사, 2003.
강준만, 《한국 근대사 산책》 1, 인물과사상사, 2008.
고성훈 외, 《민란의 시대》, 가람기획, 2004.
권오창, 《인물화로 보는 조선시대 우리 옷》, 현암사, 1999.
김문식·신병주, 《조선 왕실 기록문화의 꽃, 의궤》, 돌베개, 2005.
김학준, 《서양인들이 관찰한 후기 조선》, 서강대학교 출판부, 2010.
박영규, 《조선의 왕실과 외척》, 김영사, 2003.
박영규, 《한 권으로 읽는 조선왕조실록》, 들녘, 1996.
신명호, 《조선왕비실록》, 역사의아침, 2007.
신명호, 《조선의 왕》, 가람기획, 1998.
유봉학, 《정조대왕의 꿈》, 신구문화사, 2006.
윤정란, 《조선의 왕비》, 차림, 1999.
이덕일, 《조선왕 독살사건》, 다산초당, 2005.
이성무, 《조선시대 당쟁사》 2, 동방미디어, 2002.
이성무, 《조선왕조사》 2, 동방미디어, 1999.
이이화, 《이이화의 한국사 이야기》 16, 한길사, 2009.
이한우, 《정조·조선의 혼이 지다》, 해냄, 2007.
최범서, 《야사로 보는 조선의 역사》 2, 가람기획, 2004.
한국고문서학회, 《조선시대 생활사》, 역사비평사, 1996.
한국생활사박물관 편찬위원회, 《한국생활사박물관》 10, 사계절, 2004.
한국역사연구회, 《조선시대 사람들은 어떻게 살았을까》 1·2, 청년사, 2005.
혜경궁 홍씨 지음, 이선형 옮김, 《한중록》, 서해문집, 2008.
홍순민, 《우리 궁궐 이야기》, 청년사, 2002.

박시백의 조선왕조실록 17 순조실록

1판 1쇄 발행일 2011년 5월 30일
2판 1쇄 발행일 2015년 6월 22일
3판 1쇄 발행일 2021년 3월 15일
4판 1쇄 발행일 2024년 6월 24일

지은이 박시백

발행인 김학원
발행처 (주)휴머니스트출판그룹
출판등록 제313-2007-000007호(2007년 1월 5일)
주소 (03991) 서울시 마포구 동교로23길 76(연남동)
전화 02-335-4422 **팩스** 02-334-3427
저자·독자 서비스 humanist@humanistbooks.com
홈페이지 www.humanistbooks.com
유튜브 youtube.com/user/humanistma **포스트** post.naver.com/hmcv
페이스북 facebook.com/hmcv2001 **인스타그램** @humanist_insta

편집주간 황서현 **편집** 최인영 박나영 강창훈 김선경 이영란 **디자인** 김태형 **사전** 권태균 **영문 초록** 김단비
번역 감수 김동택 David Elkins **조판** 프린웍스 **용지** 화인페이퍼 **인쇄** 삼조인쇄 **제본** 해피문화사

ⓒ 박시백, 2024

ISBN 979-11-7087-179-8 07910
ISBN 979-11-7087-162-0 07910(세트)

• 이 책은 저작권법에 따라 보호받는 저작물이므로 무단 전재와 무단 복제를 금합니다.
• 이 책의 전부 또는 일부를 이용하려면 반드시 저자와 (주)휴머니스트출판그룹의 동의를 받아야 합니다.

조선왕조실록 가계도 및 주요 인물
순조

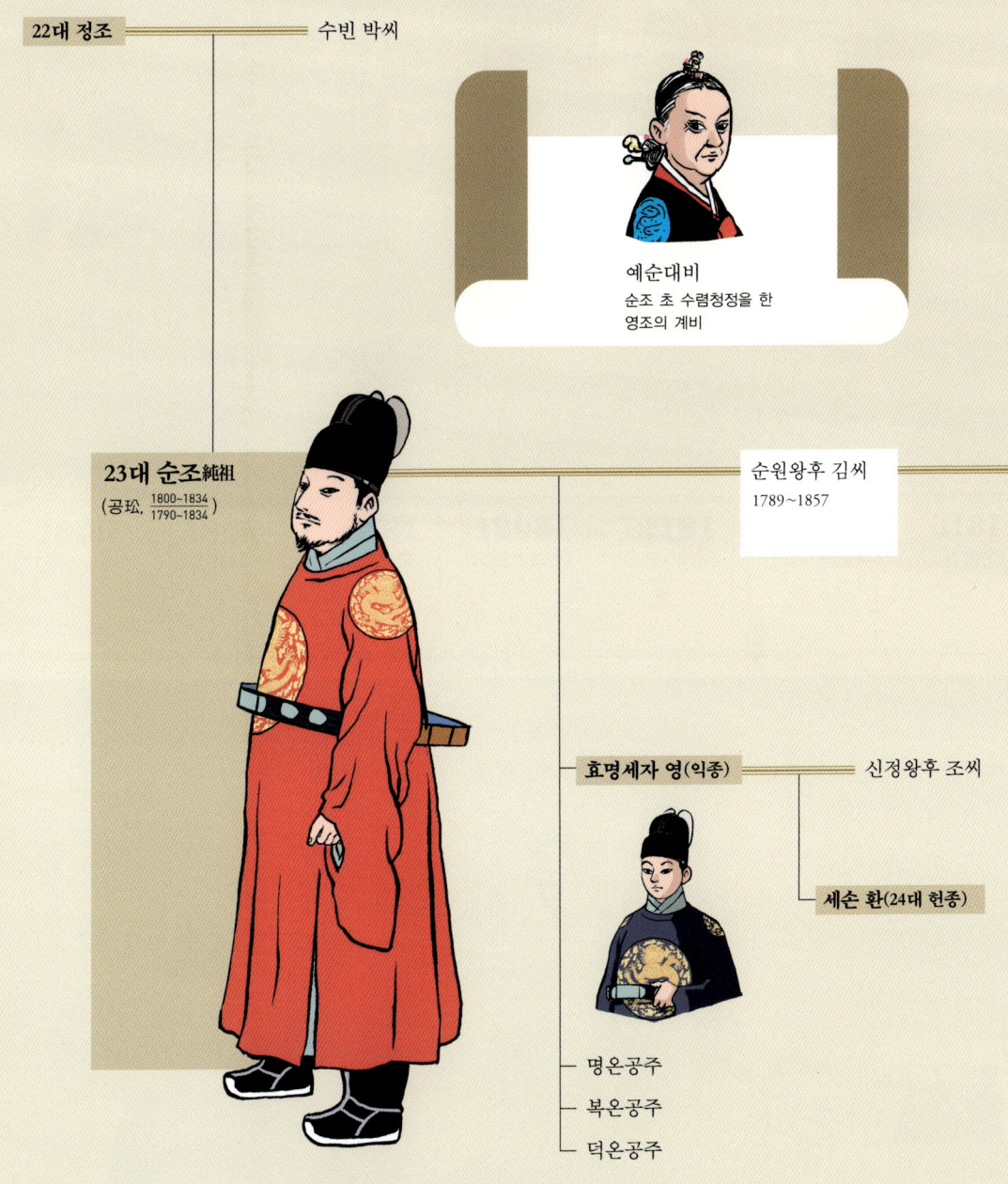

| ( )이름, 재위년/생몰년 ━━ 배우자 | 직계

벽파 정권 주요 인물

심환지, 김관주

숙의 박씨
?~?

영온옹주

김조순
세도정치의 시작을 가져온 순조 대의 실력자